VIVÊNCIAS, ESCUTAS
E ENCONTROS POÉTICOS

Editora Appris Ltda.
1.ª Edição - Copyright© 2025 do autor
Direitos de Edição Reservados à Editora Appris Ltda.

Nenhuma parte desta obra poderá ser utilizada indevidamente, sem estar de acordo com a Lei nº
9.610/98. Se incorreções forem encontradas, serão de exclusiva responsabilidade de seus organizadores. Foi realizado o Depósito Legal na Fundação Biblioteca Nacional, de acordo com as Leis n[os]
10.994, de 14/12/2004, e 12.192, de 14/01/2010.

Catalogação na Fonte
Elaborado por: Dayanne Leal Souza
Bibliotecária CRB 9/2162

U311v 2025	Uhry, Ricardo
	  Vivências, escutas e encontros poéticos / Ricardo Uhry. – 1. ed. –
	Curitiba: Appris, 2025.
	  129 p. ; 21 cm.
	
	  ISBN 978-65-250-7320-0
	
	  1. Vivências. 2. Escutas. 3. Encontros poéticos. I. Uhry, Ricardo.
	II. Título.
	
	  CDD – 869.1

Appris editorial

Editora e Livraria Appris Ltda.
Av. Manoel Ribas, 2265 – Mercês
Curitiba/PR – CEP: 80810-002
Tel. (41) 3156 - 4731
www.editoraappris.com.br

Printed in Brazil
Impresso no Brasil

Ricardo Uhry

VIVÊNCIAS, ESCUTAS E ENCONTROS POÉTICOS

Curitiba, PR
2025

FICHA TÉCNICA

EDITORIAL	Augusto V. de A. Coelho
	Sara C. de Andrade Coelho
COMITÊ EDITORIAL	Marli Caetano
	Andréa Barbosa Gouveia (UFPR)
	Edmeire C. Pereira (UFPR)
	Iraneide da Silva (UFC)
	Jacques de Lima Ferreira (UP)
SUPERVISORA EDITORIAL	Renata C. Lopes
PRODUÇÃO EDITORIAL	Daniela Nazario
REVISÃO	Edela Feldmann Uhry
DIAGRAMAÇÃO	Danielle Paulino
CAPA	Danielle Paulino
REVISÃO DE PROVA	Alice Ramos

MEMORABILIA

O poeta é um fingidor.
Finge tão completamente
Que chega a fingir que é dor
A dor que deveras sente.
(**Fernando Pessoa:** Autopsicografia *In Obra poética*, p. 164).

Sou o poeta do corpo,
E sou o poeta da alma.
Os prazeres do céu estão comigo, os pesares do inferno estão comigo,
Aqueles, enxerto e faço crescem em mim mesmo . . . . estes, traduzo numa
nova língua.
(**Walt Whitman:** *Folhas de relva*, p. 71 – tradução R. G. Lopes).

Eu canto porque o instante existe
e a minha vida está completa.
Não sou alegre nem sou triste:
sou poeta.
(**Cecília Meireles:** Motivo *In Viagem/ vaga música*).

AGRADECIMENTOS

Sou imensamente grato...
- à querida Edela Feldmann Uhry: por sua revisão e valiosas sugestões;
- ao amigo Ricardo Ramos Filho, escritor e atual presidente da União Brasileira de Escritores UBE: por sua apresentação;
- ao amigo Jorge Luiz Antônio: por seu prefácio, suas sugestões de formatação e da capa;
- ao amigo Paula Eduardo Cortazzo Lopes, poeta e músico: por seu prelúdio;
- aos anônimos pareceristas das editoras: fizeram com que acreditasse em minha poética.
- aos leitores e leitoras: a razão de ter-me deliciado de corpo e alma à poesia.

APRESENTAÇÃO

A poesia tem sido frequente em meu trabalho. Nas leituras cotidianas feitas em diversos juris, vários prêmios em que sou convidado para escolher as melhores publicações, ou candidatos a elas, a presença de textos poéticos é uma constante. Na maior parte das vezes, porém, o encontro é frustrante.

Reconheço ser o gênero o mais difícil da literatura. Em curto espaço, com poucas palavras, precisamos permitir que o eu lírico se manifeste com qualidade, deixe que a alma do poeta surja trazendo toda a beleza que a arte necessita expressar. Que surpreenda, incomode, apareça quem sabe mais tarde, em um momento fortuito, distraído, como uma lembrança boa.

A boa poesia precisa ficar impregnada na gente. Os versos, quando bem-invocados, possuem uma força que nenhum outro uso da palavra escrita consegue proporcionar. Por isso, pela necessidade de maestria do poeta, nem sempre somos encantados.

Todo o preâmbulo para falar de Ricardo Uhry. Ele certamente nasceu poeta. Cada vez mais considero que a poesia é um gênero difícil de se aprender. Ou nascemos poeta, ou todo o nosso esforço corre o risco de escorrer para fora das estrofes, ser incapaz de comover o leitor.

Em *Vivências, escutas e encontros poéticos*, volta e meia nos percebemos sem fôlego. É que a poesia tem dessas coisas, consegue, quando linda, fazer com que nos esqueçamos de respirar. É o que aconteceu comigo. Desde que li em uma de suas páginas:

"... que o Poeta Interior transpire a Palavra ..."

... estou aqui meio abobado, leso, buscando recuperar a respiração.

É maravilhoso quando finalmente encontramos a poesia e o poeta.

Dr. Ricardo Ramos Filho
Escritor e atual presidente da União Brasileiras de Escritores (UBE)

PREFÁCIO

Nossa vida é feita de encontros e reencontros. Ricardo Uhry, ex-colega da Universidade Corporativa do Banco do Brasil, enviou-me *Estratégias de Comunicação Interativa* (2010), ocasião em que retomamos o nosso diálogo, depois *Serendipidade: 1. O Jogo das Máscaras (Hilaritas)* (2008), livro-jogo hipertextual, que permite leituras não lineares, mostrou o autor de prosa, que se reinventou em outros livros de ficção.

O prefaciador de seu livro-jogo, Luiz Carlos Iasbeck, prenunciou a obra poética, esta que agora tenho a honra de prefaciar. A vocação artística potencial de Ricardo Uhry está bem clara nas fotos da natureza que ele publica no *Facebook*, nos recortes que incluem cores, sempre alegres, como é próprio de sua pessoa.

Vivências, escutas e encontros poéticos, de Ricardo Uhry, não é obra de estreia de um jovem poeta, mas de alguém maduro que decidiu fazer poesia, depois de escrever artigos, livros acadêmicos e experimentar prosa de ficção. Esta obra pode ser considerada nos limites da prosa poética, uma mistura intencional de poesia lírica e prosa, pois há momentos em que o eu poético procura conversar com o leitor.

O conjunto de poesias pode ser considerado um testemunho de vida em suas mais diversas facetas, um diário poético ou confessional que abrange um período significativo de uma vida individual que se transforma na criação artística de um eu poético que transcende a autobiografia para expressar uma visão de mundo. É o resultado de uma busca por uma expressão artística que parece começar no registro fotográfico das paisagens que o encantam, num misto de técnica e sensibilidade, passando por um texto bem elaborado em seus estudos acadêmicos e na sua prosa de ficção, que agora se transforma em uma poesia como uma nova forma de expressão.

As três partes do livro – Vivências, Encontros e Escutas Poéticas - englobam um total de oitenta e seis poemas, cuja temática aborda reflexões sobre a vida, em seus vários aspectos, o que caracteriza a obra, no conjunto, como poesia lírica. As vivências pessoais, as escutas dos interlocutores com quem convivemos e os nossos diálogos, e às vezes monólogos (família, grupo social, colegas de profissão, contatos pessoais e profissionais, agora também nas redes sociais, amigos etc.), passam a ser metaforicamente encontros poéticos.

Para o leitor que começa a ler o índice, que hoje se tornou sinônimo de sumário, é possível escolher títulos como, por exemplo, "Primeira casa", "Se outra vez cair na tristeza [alegria]", "Mãe [ensinou-me]" etc., para perceber que a sequência de poemas, que explora elementos cotidianos para transformá-los em projeto poético, se propõe a falar sobre a vida, revelando, de forma velada, aspectos autobiográficos, exceto no último poema, que vem antes de uma mensagem ao leitor e à leitora.

Para a fusão de poemas, o autor usa de dois recursos tipográficos: os colchetes como segundo título – exemplo: "Toda vez que bater a alegria [tristeza] – e o uso de fontes em itálico para os versos que são outro poema. Dois poemas numa mesma estrofe, apenas separados pelo uso do itálico, oferecem uma leitura corrente, que pode ampliar os significados, ou uma leitura dos versos sem itálicos e, depois, dos versos com itálico. Além disso, como em toda a poesia, é possível ler verso por verso sem nenhuma ordem, pois cada um deles costuma encerrar um sentido. A primeira estrofe de "Voar [livro]" é um exemplo de um poema escolhido como uma síntese da obra:

É contra o vento que a pipa ao alto pode se elevar:
[É entregando-se à essência que se pode germinar.
as dores, a raiva, os medos – enfrentando
A semente – tem de ceder para ir brotando,
fazendo frente aos desafios da ira,
as raízes cavando, ao fundo, à terra – irá.
Do egocentrismo, corrupção e desumanidade após.

A poesia acima mostra ausência de rimas e de métricas, mas uma preocupação formal com o ritmo, que caracteriza o verso livre. Já "Vivência [decadência]" é um dos poemas líricos que pode ser eleito como a síntese do eu poemático: "[Poeta não é só poesia:/ canta, dança, filosofa, lê, faz mexerico / sapateia, pensa, domina o léxico / experimenta pintura, fotografia...]. Trata-se de uma busca de uma visão de mundo, o que se pode dizer que é a poética do Ricardo Uhry. Gostei da fusão de poemas, que lembra a forma de criação de T. S. Eliot e de Oswald de Andrade, que reescrevia sintetizando. Isso nos faz chegar à palavra-mundo da poesia concreta.

Assim, procurei ressaltar os poemas curtos e intencionais, a carga semântica forte num conjunto de metáforas intencionalmente de fácil entendimento, pois o autor, formado em Comunicação, crê que a mensagem sucinta é a que melhor transmite muitas ideias em poucas palavras. A apreciação dos poemas fica para os leitores e leitoras que podem ler sem nenhuma preocupação estética, sem nenhum partidarismo de escola poética, mas com os olhos da sensibilidade que transcende o que não é ideia e o que não é sentimento e amor pela vida, mas que é a arte da palavra.

Prof. Dr. Jorge Luiz Antonio
Faculdade de Tecnologia (FATEC) e autor de Poesia digital: teoria, história, antologia

SUMÁRIO

PRELÚDIO 19

INTRODUÇÃO 27
Primeiro verso: Aprendizes 28
Segundo verso [Ondas] 28
Aprendizes [ondas] 29

I. VIVÊNCIAS POÉTICAS 31
Vivências [subimos] 32
Inspira minh'alma [prosaica] 33
Vivência 34
Decadência [poder] 35
Vivência poética [Unio mystica] 36
Voar [livro] 38
Lua [Sol interior] 40
Crescer [encantar] 41
Sementes [harmonizar] 43
Aprender [surpreende] 45
Libertam [sonho] 47
Vida [oceano d'alma] 48
Toda vez que bater a alegria [tristeza] 50
Se outra vez cair na tristeza [alegria] 51
Apressados [completude] 52
Aos teus lindos olhos, amor 53
Amizade [vida] 54
Escrever [viver] 55
Comunicar [cativas] 56
Haikais 57
Primeira vivência poética 58
Consciência [Deus] 59

Poemas música 60

Amores citadinos 61

Caminhar meditando [sonho] 63

Dentro d'alma [amor] 64

Devagar [Vida] 65

Mãe [ensinou-me] 66

Amor [avivou-me] 67

Bondade [d'alma] 68

Ignorantes [ilumina] 69

Meditação [desafios] 70

Amor [silêncio] 71

Vida [meditar] 72

Efêmera [serendipidade] 73

Aprender [encanta] 74

Ter [ser] 75

Condicionamentos (memória) 76

Gratidão [de coração] 77

Práticas [conviver] 78

Tratamento justo [reconhecemos] 79

Compartilhar [abertura] 80

Natureza [jardim cósmico] 81

Vida [testemunhe] 82

II. ENCONTROS POÉTICOS 83

Primeira casa 84

Carma [viver como apraz] 85

Odiosidade [amorosidade] 86

Pela primazia [da amorosidade] 88

Amar [odiar] 90

Perdoar [aprender] 91

A paz tropeça em nós [outros] 92

Percalços [competição] 93

Adversidades [regar] 94

Abençoado [amor] 95

Peneiras [sonhos] 96

Viver [a hora] 97

Desenvolver [podemos] 98

Vislumbrar [poder] 99

Aprimorar [práticas] 100

Harmonia [fluir poiético] 101

Sem esperar [fluir] 102

Ingênuo [encantos] 103

Meditativos [desafio] 104

Guerras [almas perdidas] 105

Oceano Cósmico [magia] 106

Aprenda [viagem que é a Vida] 107

Testemunha [libertação] 108

Propósito [problemas] 109

Serenidade [inquietações] 110

Almas [os fios invisíveis] 111

Caminho de amor [compartilhar] 112

Perdoar [semear] 113

Comunicação [centelhas de Luz] 114

Desafios [reconhecidos] 115

Paz [perdura] 116

Humildade [criativo ânimo] 117

Concepções [felicidade] 118

Espirituais [livres] 119

Luz [amor] 120

Dedico-me [um com a Existência] 121

Servi [prejudiquei] 122

Eros [Tànatos] 123

III. ESCUTAS POÉTICAS 124

Sons da Natureza [testemunhar] 125

Escrutar [poetar] 126

Um reflexo de Luz [escutar] 127

Religação [Escuta] 128

Conte-me [escutas poéticas] 129

PRELÚDIO

Bem-vindos à cerimônia poética suave e hipnótica pela qual Ricardo Uhry nos guiará passo a passo, sem que nem mesmo nos demos conta, a vislumbrar uma Vida mais amorosa e verdadeira. Ao abrir este livro, o leitor e a leitora abrem as portas de um templo, onde uma celebração mística em versos está prestes a começar. Conheci o autor de *Vivências, escutas e encontros poéticos* em Brasília. Fomos colegas de trabalho na primeira década dos anos 2000. Ricardo Uhry é um sujeito afável, ótimo papo, capaz de nutrir curiosidade pelos temas mais díspares, além de possuir conhecimento sobre variados assuntos – até mesmo a famigerada semiótica, disciplina de minha formação, a cuja menção a maioria das pessoas faz cara de estranheza; não Ricardo, com quem mantive muitos semiopapos descontraídos, no curto tempo de convivência que tivemos em Brasília.

Intelectual incansável, ele atua em diversas áreas do magistério, da pesquisa e da literatura. Como criador, ele mesmo se define no poema "Vivência [decadência]". Em outras palavras, Ricardo Uhry não veio ao mundo passar férias (ainda que aqui esteja, sim, a passeio, como nas caminhadas que faz enquanto medita e capta suas imagens fotográficas). Ele observa tudo e todos incessantemente.

E aqui estou, diante do desafio para escrever a respeito de sua mais nova obra. E que obra! Um livro de fôlego, com dezenas de poemas em versos livres, embora rigorosamente rimados, e uma organização totalmente inovadora em estrofes que se intercalam, podendo ser lidas conjunta ou separadamente!

Minha primeira impressão geral, depois que foi serenando a sensação de temor diante da extrema complexidade da obra, é de que nela todo o trabalho estético se põe a serviço de uma adamantina postura ética: Uhry vale-se de seus versos como uma estratégia persuasiva, uma forma de seduzir o leitor para comunicar-lhe uma mundividência mística – característica que será preciso compreender e descrever de forma adequada.

Vejamos como isso se dá. Alguns poemas, no início do livro, compõem-se de estrofes que se repetem com versos ligeiramente modificados, ou com a ordem trocada, conseguindo efeito poético interessante. Uma ilustração desse procedimento pode ser encontrada no poema de abertura – na verdade, três poemas que derivam de duas estrofes apresentadas preliminarmente, cada qual com título próprio: "Primeiro verso: Aprendizes" e "Segundo verso: [Ondas]". Tudo se passa, nesse conjunto inicial, como se o Autor estivesse em busca de imagens cada vez mais aprimoradas para exprimir ideias semelhantes. À medida que o leitor vai explorando a obra, começa a perceber que essa busca do poeta reaparece e se renova a cada poema, observável como efeito de sentido da mobilização de diferentes mecanismos poéticos.

Em última análise, a leitura do conjunto dos poemas mostra que há um funcionamento geral a reiterar a mesma *poiesis*: um mesmo grupo de ideias (ligadas a uma visão mística do universo) surge repetidamente em quase todos os poemas, como se o Autor fosse aos poucos aproximando-se (e aproximando-nos), com versos simples, de mistérios muito complexos.

Para citar o próprio Uhry, cada poema "é um reflexo tênue do comunicável" ("Vivência poética [*Unio mystica*]") – talvez por isso, cada um de seus poemas retoma de outra forma os mesmos temas, incessantemente. Cada poema é uma roseira; a disposição das diversas roseiras guia o leitor e a leitora por uma trajetória definida; e o livro todo pode ser então belamente descrito como "um roseiral perfumado no caminho espiritual" ("Bondade [d'alma]").

Essa verdadeira metafísica poética do Autor impõe à minha consciência a frase do também poeta Ferreira Gullar: "A arte existe porque esta vida não basta". Trata-se de enxergar a arte, em geral, e a poesia, em particular, não como um fim em si, mas como uma passagem para outra dimensão da existência. A partir dessa base comum, a diferença entre ambos é significativa. Gullar explica-se: "A função da arte é inventar a realidade. A arte é a visão das coisas que não conhecemos. A arte é alguma coisa que não existia antes. A vida é inventada. O mundo é inexplicável." Gullar via a arte (e a poesia) como a invenção de um outro mundo, ao qual podemos atribuir sentidos – diferentemente do que ocorre com o "real" cotidiano, que conhecemos, mas não conseguimos explicar. Essa seria a função primordial da arte: criar livremente explicações para o inexplicável.

Já para Ricardo Uhry, a poesia (e a arte) continua tendo função de ponte, mas não para a construção de uma outra realidade, inventada, e sim para a descoberta, no íntimo de cada um, de uma dimensão transcendente, uma espécie de verdade verdadeira, preexistente a tudo quanto somos capazes de ver e tocar no dia a dia. À diferença do que dizia Gullar, a poesia, para Uhry, não consegue comunicar o que é essencialmente "inexplicável" ou "incomunicável" – nem essa é sua função. Tal impossibilidade está no poema "Vivência poética [Unio mystica]", mas há vários outros exemplos desse ponto de vista, como na última estrofe de "Primeira vivência poética":

> Poeta um fingidor no exterior
> Uivo poético finge dor
> Insight traz Luz, Amor
> Poema verdadeiro parte do interior.

A referência ao poema "Autopsicografia", de Fernando Pessoa, serve para demarcar a distância entre a visão da poesia como construção de uma realidade "inventada", como modalidade de discurso franqueadora do acesso a um universo de "faz de conta" (que o poeta português parece compartilhar com Ferreira Gullar) e, de outro lado, a concepção que vê na poesia um elemento quase ritual, uma chave para a busca da verdade imanente de cada um, através da reflexão, da meditação que une a essência individual à totalidade universal.

Resumindo, a busca da verdade é essencial para entender a poesia de Ricardo Uhry, ao passo que Ferreira Gullar e Fernando Pessoa não parecem se preocupar com nenhuma verdade; pelo contrário, aparentemente propõem uma fuga do mundo real, propiciada pelo mundo imaginário da arte. Enquanto para Pessoa e Gullar, a poesia e a arte se acrescentam a um mundo insuficiente, para Uhry elas são instrumentos do buscado esvaziamento de um mundo excessivo – mundo ao qual estamos submetidos desde sempre, por hábito e descuido. Isso é dito em "Condicionamentos [memória]": "Precisamos desaprender para o essencial aprender."

No próprio fazer poético de Ricardo Uhry, a renúncia ao mundo excessivo das palavras se dá pela denúncia de tudo que é aparência e exterioridade – a dimensão da "forma" – e pela simultânea afirmação do que na poesia (e nas pessoas) é imanência e interioridade – a dimensão do "conteúdo". É o que leio no poema "Pela primazia [da amorosidade]":

> Oceano poético – margens d' rios: odiosidade, amorosidade.
>
> O rio da forma, dos efeitos das palavras e seus venenos.
>
> Rios de conteúdos: Luz, amor, beleza, espiritual verdade.

Para nosso poeta, há paralelismo entre o fazer poético, criativo, e o fazer ético, existencial. Da mesma forma que o poeta deve renunciar à dimensão superficial e formal da linguagem para exaltar sua dimensão significativa, cada ser humano deve, segundo ele, escolher, em meio aos sofrimentos da vida, amar a essência de todas as coisas e dos outros seres humanos, que nos conecta a todos com o divino.

Em geral, o *ethos* do poeta é sereno, sugerindo que ele se localiza, discursivamente, num mirante bem alto a partir do qual pode contemplar a loucura do mundo com distanciamento e a mesma compaixão que prega em seus versos. Às vezes, ele pode subir o tom enunciativo, como que dando aos leitores um retrato cru de nossos próprios comportamentos desatinados. Há um trecho do poema "Percalços [competição]" em que essa atitude enunciativa se observa.

Dos comentários, concluo que Ricardo Uhry é um doce poeta (mas severo, quando preciso), a cuidar dos seus leitores "desgarrados", esforçando-se a cada poema para nos levar de volta ao bom caminho. Talvez a chave de leitura fundamental da obra seja fornecida logo de início pelo próprio Autor, no poema que serve de epígrafe à primeira parte, "I. Vivências poéticas":

> *Vivências poéticas: a busca amorosa e ética*
> *O perscrutar a alma*
> *O êxtase na experimentação poética calma*
> *Escuta ao vivenciar a* unio mystica *poética.*

Causou estranhamento *"unio mystica"*. Pelo que entendi, trata-se de conceito que designa o desejo do espírito humano pela comunhão com a divindade: há um grupo que entende tal comunhão como a fusão da alma mística com seu Deus e a consequente dissolução de toda individualidade preexistente; outra vertente define a experiência da *unio mystica* como uma contemplação extática da divindade pela alma, mediante práticas rituais, sem perda de qualquer identidade. A busca aqui empreendida por Uhry parece filiar-se à segunda vertente: o Autor propõe a "meditação calma" e as "vivências poéticas" como caminhos rituais para a comunhão do humano com o divino. Não há nenhuma indicação de perda da individualidade nessa comunhão, e isso se pode ler em diversos poemas ao longo do livro:

> Consciência com o Poeta Maior – harmonia
> ("Eros [Tânatos]").

> *Com a Terra, o Cósmico harmonizar*
> (Consciência [Deus]").

> ser compassivo, harmonizar-se com Deus
> ("Caminhar meditando [sonho]").

A ideia de "harmonia", termo recorrente na poética de nosso Autor, sempre evoca a percepção de um todo cujas partes continuam a existir – justamente, de forma "harmônica" entre si: disposição ordenada, acordo e entendimento, coerência, combinação agradável, etc. Não há aqui, nem poderia haver, qualquer noção de fusão entre as partes na formação do todo. Uhry parece conceber a *unio mystica*, à diferença das tradições mencionadas, não apenas como a comunhão com alguma entidade transcendental (que ele não exclui do seu conceito), mas também como a comunhão com a natureza e com toda a humanidade. É o que transparece nos versos de "Abençoado [amor]".

Outra particularidade proeminente dessa concepção do poeta é que a comunhão proposta não é meramente uma ascensão, mas também um retorno à origem universal de tudo. Isso fica nítido num poema como "Almas [os fios invisíveis]":

> As almas humanas – irmanadas
> desde a fonte – Alma Universal – aqui estão a criar.
> Há um fio invisível que relaciona todos nós.

Mais ainda: uma vez que estamos todos interconectados e somos expressões da "Alma Universal", cada um de nós é, potencialmente... poeta! Como está em "Problemas [poder]". A *unio mystica* apresentada por Uhry não tem, portanto, nada de individual (ainda que deva ser buscada no íntimo interior de cada um): ela é radicalmente universal, e só entendida assim é que pode ser vivida de modo pleno. Ao contrário de Fernando Pessoa, Uhry nunca poderia escrever poemas como um heterônomo. Ele não apenas escreve seus textos; ele os vive.

E é aí que me parece encaixar-se a inovadora estrutura em estrofes intercaladas, adotada pelo Autor em Vivências, escutas e encontros poéticos. Em cada poema, as estrofes localizadas do lado esquerdo – por onde sempre se inicia a leitura –, via de regra, são as que introduzem o tema ali focalizado e propõem as teses que sobre ele o enunciador quer comunicar. Já as estrofes localizadas no lado direito – para onde naturalmente flui a leitura, em continuação – apresentam variações em relação às do lado esquerdo: ora complementam ou detalham o que se diz anteriormente, como em "Percalços [competição]". Ora trazem teses contrastantes, opiniões que, à primeira vista, parecem divergir das que o Autor enunciou no lado esquerdo da página, como no poema "Compartilhar [abertura]".

No entanto, um olhar menos superficial logo permite perceber que não há nunca uma contradição insolúvel entre as estrofes à esquerda e à direita. O que há é a proposição de uma estrutura poética dialógica, como se o enunciador conversasse consigo mesmo.

É assim que Uhry nos brinda neste livro, por meio do encadeamento de seus poemas, com uma representação praticamente direta do que imagino seja seu processo de meditação (uma das práticas sempre focalizadas por ele nos poemas), num jogo de associações de ideias sempre direcionadas pela busca da *unio mystica* com a humanidade e o espírito universal.

Sinto que a leitura de *Vivências, escutas e encontros poéticos* produziu em mim uma transformação, de uma forma que ainda não consigo descrever. Só sei que, depois dessa profunda experiência encantatória que nos proporciona a poesia de Uhry, nós, seus leitores e leitoras, poderemos fechar as portas do templo, descer a escadaria que nos devolverá ao cotidiano – e abrir as portas de uma nova consciência da Vida. Não é pouca coisa!

Dr. Paulo Eduardo Cortazzo Lopes

Doutor em Linguística e Semiótica (FFLCH USP), é poeta e músico com canal no YouTube:
https://youtube.com/@paulocortazzolopes?si=2W6fCvX4obIXNAOj

INTRODUÇÃO

"Vivências, escutas e encontros poéticos" compõe-se de vivências poéticas transpiradas ao vento que abrangem os principais rios vibracionais que desaguam no grande oceano poético. Expressos com corpo e alma na forma de escutas poéticas profundas por meio de encontros com o@ leitor@, com uma temática humanística, ecológica, espiritualizada, da busca do Eu Interior, da *unio mystica*.

Os poemas caracterizam-se pela interdependência temática entre todos e tudo que se preza, e refletem a experiência poética do encontro das sensações que (des)fazem nossa vida e podem levar à vacuidade (a verdadeira natureza), à iluminação, ao encantador nirvana poético, ou a nada.

Alguns poemas trazem certas inovações formais como uma segunda estrofe iniciando com parênteses e, de forma intercalada, os versos rimando com a primeira estrofe, permitindo múltiplas leituras. Os versos da primeira estrofe têm título e estão em linhas intercaladas com a segunda estrofe que recebe o título entre "[ ]", propondo-se ler inicialmente os versos da primeira estrofe; da mesma forma, os versos da segunda estrofe "[ ]", a partir dos parênteses, devem ser lidos, estando os versos também intercalados com a outra estrofe.

E, por fim, uma leitura na sequência dos versos do poema, o que pode causar certo estranhamento, como está em alguns dos poemas que têm esta inovação formal. Além de variantes e outros poemas em que há uma segunda parte do poema, sinalizado com "II", em que se faz um contraponto / complemento, e recebeu o título entre parêntese. Trata-se de indicações de pistas / sugestões de leitura para instigar sua escuta poética.

Assim, apanhe as vivências poéticas que desaguam no oceano poético. O que poderemos encontrar? Serão meros poemas ao vento? Ao que dar primazia? O que nos toca em nossos encontros poéticos? Gratidão por aceitar participar com sua escuta poética consciente!

ricardouhry@gmail.com

Primeiro verso: Aprendizes

Diante de cada desafio ou dor... Independentemente
do que estivermos enfrentando, respire profundamente,
esteja consciente, reconheça a oportunidade de aprender.
Sejamos reconhecidos pelas conquistas e por empreender.
Torne-se consciente do que decorre do tender
a enfrentar os desafios difíceis na caminhada do aprender,
das dores, das más escolhas, do errar, de vida sofrida.
Tudo tem algo a nos ensinar. Os desafios da lida
nos fazem crescer espiritualmente. Aprendizes na corrida!

Segundo verso [Ondas]

[Muito feliz! Sim, neste momento estou feliz somente.
Recordação de um instante. Aprendi duramente
Isso passa! É mais uma das ondas da Vida – a compreender.
Tanto as alegrias, quanto os sofrimentos – a entender.
Tristeza, felicidade também passam: não se prender!
Tudo nos traz lições e ajuda a crescer sem pender.
Lide conscientemente com os momentos de ferida!
As ondas d'alegria e êxtase dentro de si consolida!
Grato às ondas do oceano da Vida].

Aprendizes [ondas]

Diante de cada desafio ou dor... Independentemente
[Muito feliz! Sim, neste momento estou feliz somente.
do que estivermos enfrentando, respire profundamente,
Recordação de um instante. Aprendi duramente
esteja consciente, reconheça a oportunidade de aprender.
Isso passa! É mais uma das ondas da Vida – a compreender.
Sejamos reconhecidos pelas conquistas e por empreender.
Tanto as alegrias, quanto os sofrimentos – a entender.
Torne-se consciente do que decorre do tender
Tristeza, felicidade também passam: não se prender!
a enfrentar os desafios difíceis na caminhada do aprender,
Tudo nos traz lições e ajuda a crescer sem pender.
das dores, das más escolhas, do errar, de vida sofrida.
Lide conscientemente com os momentos de ferida!
Tudo tem algo a nos ensinar. Os desafios da lida
Dentro de si as ondas d'alegria e êxtase consolida!
nos fazem crescer espiritualmente. Aprendizes na corrida!
Grato às ondas do oceano da Vida].

I. VIVÊNCIAS POÉTICAS

Vivências poéticas: a busca amorosa e ética
O perscrutar a alma
O êxtase na experimentação poética calma
Escuta ao vivenciar a unio mystica *poética.*

Vivências [subimos]

Tudo nos faz crescer espiritualmente. Aprendizes na subida!
[Gratos às vivências dos gayses de el Tatio da Vida.
Tudo tem algo a nos ensinar. São os desafios da lida:
Dentro de si as ondas d'alegria e dor consolida!
As dores do frio de doze graus negativos: vida sofrida...
Lide conscientemente com a altitude e o nariz de ferida!
A enfrentar renites difíceis na travessia do deserto do Atacama.
Tudo traz lições e ajuda a crescer, sem prostrar na cama.
Torno-me consciente do que decorre de - ao limite - tender.
Tristeza, coriza, tosse também passam: não se prender!
Somos reconhecidos pelas conquistas e por empreender.
Tanto as alegrias (Licancabur) / sofrimentos (subir a 4300 metros) –
a entender.
Conscientes, enfrentamos o deserto do aprender.
Isso passa! É mais uma das montanhas da Vida – a compreender.
Diante do que estivermos enfrentando, mergulhe totalmente.
Recordação de altitude (dor). Aprendi duramente.
Diante de cada desafio ou dor... Testemunhe conscientemente!
Muito feliz! Sim, meu corpo estou sentindo, novamente].

Inspira minh'alma [prosaica]

Proclama a Voz dO Poieta Maior, o Criador Poietikus:

[Interdependência entre todos – tudo que se preza
Vacuidade – verdadeira natureza
Iluminação – nirvana poiético].

Inspira-me o *Criador Poietikus* (abraça-me) aos urros.
Que o *Poeta Interior* transpire a Palavra
ilumine a Poética, os Silêncios, sussurros,
uivos e demais poemas de minh'alma arcaica, e lavra!

[– Oh, sinto fluir uma voz que tem um quê de prosaica!]

Oh, Mestre *Criador Poietikus*,
aspiro a Divina Voz poiética
do interser além do ser
e do não ser.

Vivência

Em cantar vivência, Poeta pede ousar da voz.
O *Mestre Poietikus* acena aos sussurros.
Serão as vivências brotadas apenas urros
de um postulante - Poeta Menor - à Luz?

[Poeta não é só poesia:
canta, dança, filosofa, lê, faz mexerico
sapateia, pensa, domina o léxico
experimenta pintura, fotografia...]

Poeta é sensível, panléxico
para os (des)encantos da Vida,
a refletir sobre chegada & partida
e procurar gerar *refléxìo.*

[Poiese inspira-se em poieikus
o caminho das letras e - às vezes -
do amor e da compaixão (como vieses):
a primazia amorosa espiritual poiética].

Decadência [poder]

A vida nos proporciona múltipla vivência

[A vida está em decadência

basta testemunhar

deixa-nos quase sem ar

observar conscientemente

não cria um doente?

podemos encantar beleza por toda arte

Podemos restituir sem virar descarte?

em todos os seres.

Sem ser um desmancha-prazeres).

II

Para vivenciar o caráter dos seus, invista-os de poder.

[Se o usar para o bem de todos os seres, há de colher.

Boas sementes humanas, ecológicas e espirituais? Agora...

Se usurpar o poder para criar problemas, guerrear – porta fora!

Se viver em ignorância, na vida logo vai esmaecer.

Pensamentos e palavras têm grande poder.

Um poder maior do que pensamos: semear, cuidar, colher!

Cultivo seja de amor por quem está a sofrer].

Vivência poética [*Unio mystica*]

Vivência poética— ou quase:

[Poemas ao vento – a ideia base:
o poema flui com toque sutil barulhento
tudo que se pode dizer se perde ao vento
o poema toca a superfície e acalma
emoções, expressões, toques sutis d'alma
pelo afã do poeta, o poema se serve bem assado
a palavra é morta, pertence ao passado
o poema é um reflexo tênue do comunicável
o aqui e agora experiencial é incomunicável
o poema abarca a Vida dura e afável.
só o silêncio expressa a profundeza, o essencial amável].

II

A arte pode criar harmonia tal que a essência da Vida vira mina.
[A arte proporciona experiência que ilumina:
A música ilumina quando o Divino começa a tocar você.
a música atinge a alma – do coração toma posse –,
Quando seus passos são ouvidos pelo seu coração,
inunda, transborda e, conscientes, então,
algo dentro de você aceita o desafio de se tornar silencioso,
começamos a meditar. Em nosso interior cioso,
testemunha, tranquilo e de meditativo desfeche.
o encontro da meditação e da música – acontece –
O amor brota – com consciência e paciência,
da existência e do mundo, da matéria e da consciência.

a criatividade aflora, a paz se estica

Trata-se da unio mystica – *vivência poética,*
e do fundo d'alma emerge a compaixão.

uma união mística transcendental – ou não?]

Voar [livro]

É contra o vento que a pipa ao alto pode se elevar:
[É entregando-se à essência que se pode germinar.
as dores, a raiva, os medos – enfrentando
A semente – tem de ceder para ir brotando,
fazendo frente aos desafios da ira,
as raízes cavando, ao fundo, à terra – irá.
Do egocentrismo, corrupção e desumanidade após.
Da terra brota a força para levar ao alto, a nós.
É aí - em nossas sombras - que mais podemos crescer
Da terra, os galhos aos céus querem ascender
espiritualmente e, nas asas da consciência, nos posicionar
as raízes sustentam os ventos, a chuva, o fogo, o ar
voar alto de forma luminosa e compassiva.
e permitem florescer o amor de forma criativa].

II

O livro é criativa extensão da mente e imaginação:
[Alma tem no livro extensão em ação:
permite ser inovativo,
do coração brota o élan ativo
voar a todos lugares, a outros tempos
da imaginação fluem os contratempos
ajuda a nos comunicar com modos,
da mente sutil influem os eventos todos
harmonizar com a natureza, Deus
da Alma Universal vem a inspiração aos cantos meus

viajar pela imaginação pelo macrocósmico

sonhos, delírios, devaneio microcósmico,

e voar – ir aquém, além.

galáxias, estrelas – expressões que por nós falem].

Lua [Sol interior]

Dentro de cada um há uma Lua
[Um lado escuro não se mostra da vista tua:
nos envolve em trevas – sombras
Irradiar Luz e fazer dissiparem d'alma as sobras.
Em cada um há também um Sol interior – Luz
Muitos não sabem irradiar amor, compaixão que reluz
Luz dissipa d'almas os trevosos escombros.
nem serem criativos, a respeitar os seres nos ombros].

II

Muitos não vivem criativos a irradiar amor – Luz
[Muito menos lidar com raiva, que induz
Nem são criativos, compassivos – aos seres a carregar
ódio, desamor, violência que leva a desrespeitar.
Muito menos lidam com ódio – a infectar
Luz dissipa trevas – está a nos ensinar
Violência, desamor, guerra – que induz.
Há muito a aprender no amor que reluz].

Crescer [encantar]

Temos o desafio de crescer nas dimensões da calma:
[Rosacruz: a rosa simboliza a personalidade-alma
Compaixão, criatividade, consciência.

o desabrochar da Luminescência
Consciência está relacionada ao renascer,
a cruz simboliza o corpo físico, o mundo do ser.
compaixão ao sentimento,
Temos a oportunidade de evoluir a todo momento.
criatividade à ação. O desafio é vir a ser
Temos o desafio de cuidar de nossa rosa, nosso viver
tão meditativo quanto um Buda,
e crescer consciente, espiritualmente – que ajuda!
tão amoroso quanto um Krishna, um Jesus
Amorosamente compassivo e humano seduz
e tão criativo quanto Michelangelo, Goethe, da Vinci.
Ecologicamente criativo, meditativo e amoroso – venci!].

II

Podemos vencer e nos encantar,
[As belezas e os seres é o que a vida nos pede cantar
harmonizar com a beleza da natureza,
religados à nossa Essência Divina, no poema, na reza,
e a exuberância dos seres.
e o que em seus corações fazer fluir souberes.
Ou só ficarmos preocupados com o passado,
Ou, ao estar de nossa Essência Divina desligado,

ou o que possa vir a acontecer.

fora do momento presente, esquecemos de ser

Esquecendo de estar consciente agora.

e aproveitarmos a Luz que nos religa ao Ser na hora].

Sementes [harmonizar]

Dentro de si cada um traz sementes de todas as possibilidades.
[A vida proporciona grande espetáculo. Bastam vontades
Uns têm o dom de compor melodias, de cantar – a arte;
de observar e encantar: há arte, beleza por toda parte.
alguns nasceram para jogar, tornam-se atleta;
Cedo me descobri escritor. Por não ser profissão poeta,
outros, a dádiva de dançar; muitos amam ensinar;
fiz-me jornalista, professor, fotógrafo, poeta a amar.
poucos são artistas: pintores, cartunistas, poetas a sonhar.
Aos poucos, enlaço, pela palavra, um leitor aqui no ar,
Tantos, cada um conforme sua vocação, ou ocupação.
e, sempre poeta, laço outro leitor, aí, pelo coração.
Semear, cuidar, esperar que brote o melhor de minha poética.
Um dia harmonizo no silêncio, na poética, ou na mimética?]

II

Chegar a harmonizar com a beleza e o perfume da rosa,
[Lembrar de ser grato pela vida melindrosa:
o céu ao entardecer, os seres e mais maravilhas.

pelos pequenos (des)encantos e partilhas,
Ou, só reparar nos espinhos, nas pétalas caídas, nos malfeitos;

amassos e sorrisos de duro e puro amor feitos,
ou não perceber nem as rosas nem o céu;

curtidas que nos ligam ao coração seu,
ou pensar no que se poderia pôr de útil no lugar da roseira;

amigos e inimigos semeados sem eira nem beira.

ou, ainda, pensar na miséria, na violência, na injustiça,

Tantos desafios que melindram e atiçam
na corrupção, politicagem e em tudo fora do lugar.

puta malandragem que em nós ainda temos a encarar].

Aprender [surpreende]

Uma preocupação é de como deveria ser o mundo, as pessoas.
[Se você mergulhar no fundo de si mesmo às boas,
O que corresponde ao que precisamos aprender.
poderá se encontrar ou no vácuo se perder.
Só existe o agora, o instante presente.
Se consciente se mover para o momento ausente
Se você penetrar conscientemente na Existência,
amorosamente em busca da espiritual essência,
poderá descobrir a bem-aventurança, a amorosidade,
compassivamente meditando, o amor arrecade,
ao desenvolver a consciência.
então entrará na Eternidade, na Luminescência].

II

Diante de tudo e do todo, às vezes a gente se surpreende!
[Às vezes – e sempre – se aprende.
Há pessoas que têm alma amorosa, compassiva e meditativa,
Ao sair a caminhar para se manter de forma ativa
o que as confere flagrância encantadora
às vezes se depara com algo que toca e se adora:
e seu halo surge como aura.
sempre flor, canto de pássaro, ser em luminoso restauro.
Cuide-se! e aos irmãos espirituais, ao planeta, aos amores.
Ilumine-se diante da grandiosidade da Vida aonde fores!
As borboletas virão se nutrir de seu néctar,
Às vezes – sempre – dentro da gente há o que detectar:

o Cósmico enviará suas vibrações de Luz, Vida e Amor

quando menos se espera é que surgem alegria, dor

e poderá irradiar amor em seu ser e em volta da humanidade.

do que emerge a consciente amorosa professora Verdade].

Libertam [sonho]

Os seres que se iluminam se libertam
[De outras vidas – e dos pais – se herdam
das amarras da religião, raça, ideologia, seita
condicionamentos, saberes, lições de toda feita,
e dos condicionamentos da escola, família, sociedade
o que se altera com o avançar da idade
e mesmo da ideologia, da filosofia.
por influência das diferenças complementares: heterófia
Assumem uma perspectiva cósmica, multiplanetária,
assumindo-se assim uma perspectiva planetária,
amam, meditam, são compassivos.
um viés de criatividade e amorosidade (entre os vivos)
Ao harmonizarem-se com o Divino e todos os seres,
por teres se libertado, e a Vida plena, enfim, auferes.
tornam-se Um com a própria Existência.
Um sonho: compreender vácuo, alcançar autoconsciência].

Vida [oceano d'alma]

Nesta viagem que é Vida,

[Alguns seres seguem a nossa frente na espiritual subida:
há infinitas almas aos nossos lados,

são com quem podemos fazer aprendizados –
nossos companheiros de jornada, a juntos estarmos.

os evoluídos espiritualmente –, mas sem nos apegarmos.
nossos irmãos espirituais ressoam.

Se tivermos um vislumbre do divino por meio de pessoas,
Muitos estão para aprender, os viventes,

são veículos. Sejamos gratos, sem nos tornar dependentes.
alguns poucos para ensinar no esmo.

Nossa trilha espiritual é feita unicamente por nós mesmos.
No final, todos voltarão ao plano Divino

Se a bem-aventurança surge por um momento – um hino,
ou continuarão infinitamente na roda da Vida?

a Fonte Divina nos guia no final da subida].

II

Nesta viagem, que é a Vida, meu mundo: um oceânico jardim

[Oceano d'alma: encantos sem conseguir dar fim
do tamanho dos universos que me orbitam:

belezas que nem sequer muitos admitam
encanto-me com tudo: os seres, a Natureza.

alegrias pequenas que da Vida emergem com delicadeza:
Tocado, registro-os e compartilho,

pôr-se n'águas, canto d'brisa, voo raiz que partilho,

junto com os imaginativos reflexos

arrastar compassivo, fluir criativo – amorosos nexos.

que brotam do agitado oceano de minha alma.

Para alcançar m'sonhos, a energia brota da calma].

Toda vez que bater a alegria [tristeza]

Toda vez que bater a alegria
limpa tua mente, busca harmonia
e que teu ser reencontre o que nos unia
e dentro de ti toda a poesia.

Toda a vez que bater a tristeza
inspira fundo, para depois expirar
mansamente o que está a te perturbar
o que te angustia, a fraqueza.

Busca harmonia, limpa tua mente do tormento:
pensa em algo bom que se passou contigo. Cria
e faça tua mente reviver – bendigo – que surja alegria!
segundo por segundo aquele bom momento.

E que teu ser encontre um olhar de paz
um riso manso dentro de ti, o que a alegria traz.

Se outra vez cair na tristeza [alegria]

Se outra vez cair na tristeza...
limpa tua mente, busca harmonia
e que teu ser encontre - que beleza! -
dentro de ti toda a magia.

Se outra vez que lhe tocar a alegria:
aproveita o teu momento, curte!
A energia que te percorre, sente!
Teu ser faz vibrar com a delicadeza da poesia.

Busca harmonia, limpa tua mente do amuo:
pensa nada não, toma profundo ar
calmamente faça tua mente silenciar
penetra lentamente o interior vácuo.

E que teu ser reencontre o Poeta Interior
o rio que corre dentro de ti, oh, m'amor!

Apressados [completude]

Vamos apressados nas subidas e descidas da vida.
[A vida é um jogo, quase uma corrida.
Um leão por dia, correia toda vez
Podemos até participar com esplendidez
voando e rastejando sem sentir o chão a nossos pés
garantindo o lugar por mérito. O que você fez?
totalmente loucos no ontem e amanhã; nunca no agora
Quem não for consciente agora, perde sem demora.
especialmente se estamos sempre com pressa.
Assim é que é. Acorda! A Vida nos preza].

II

Vida: sem pensar, contemplar o pôr do sol, as árvores, as flores,
[Interiormente desperta o gosto pelo belo, os amores.
pessoas, rios, montanhas, céu, nuvens, estrelas...
Acordamos encantados por todas elas.
E – por mágica – ficamos encantados,
Uma dança sutil chega ao coração e nos põe maravilhados.
um toque sensível à nossa Vida,
Um sonho, a vida contemplativa, diferente da real, sofrida.
o que proporciona uma sensação de completude.
Imagine o dia todo a amar, poetar e tocar o alaúde.
Sentir-se em um mundo de harmonia e paz.
Utopia, viver em paz e harmonia? Bem capaz!
Viver meditando com amor e compaixão
Força e paixão para lutar pela sensibilidade do coração:
é o que queremos para todos.
Em guarda! Todos por um, um por – criar os belos – todos].

VIVÊNCIAS, ESCUTAS E ENCONTROS POÉTICOS

Aos teus lindos olhos, amor

Aos teus lindos olhos verdes,

Fiquei na incerteza de ter sido grosseiro
Ao te ver disse: estás encantadora
Sei, a ânsia no peito perdura
Por ti o coração bateu forte no travesseiro.

Lindos olhos ver de meus,

A cor deve ser dita pelo coração
Se a do arco-íris te faz feliz, serás
A beleza interior importa, muito mais
O brilho do olhar, o sorriso, atenção.

Olhos ver-te meus lindos,

O arco-íris indica o caminho do ouro
Dentro de ti... a meus olhos estás linda
Em dares amor, viraste meu tesouro.

Ver de nossos lindos olhos,

Deixa transparecer no teu ser, amor
Iluminaste minha vida com teus verdes olhos
Saiba, por ti meu coração grita de dor.

Amizade [vida]

Na vida, a amizade é uma escolha de um irmão espetacular.
[Amigos são irmãos espirituais. Conosco estão no lutar,
Todos temos falhas, imperfeições (a compensar).
apoiam-nos nas quedas, oferecem suporte, crítico pensar.
Os amigos constatam falhas e abordam em particular,
Nossos esforços na jornada reconhecem ao conosco falar.
com amor, com o propósito de nos ajudar, ser um Norte.
Um amigo: alguém que nos ame e conosco se importe].

II

Se a vida é aprendizado, a morte será bem-vinda.
[Vida e morte: amigas muito enigmáticas, ainda.
A morte é nossa amiga com certeza.
Vida: nascer, crescer, durante (sofrimento e incerteza).
O desafio: viver e morrer conscientemente.
Maior fracasso: viver e morrer inconscientemente.
Aproveite cada momento, viva em paz com todos.
A busca: harmonia com todos e o Pai-de-Todos.
A amiga chegará no tempo certo, o abraçará causando alegria.
Abrace os amigos Viver e Morrer, e conscientemente ria].

Escrever [viver]

Poetar é divino, assim como cantar, dançar, escrever,
[Há beleza por toda parte, nas coisas, em cada viver,
fazer arte, criar. São atividades nas quais você pode se
conceber, criar, produzir, publicar, em a própria arte ser.
perder conscientemente – totalmente – sem ardor.
A beleza é efêmera: apresenta-se com todo esplendor.
Você pode se elevar no canto, a ponto de o cantor
No momento seguinte o sol, o vento, a chuva, a dor...
desaparecer, permanecendo apenas os cantantes.
O tempo e o acaso fazem seu efeito – o quanto antes.
O dançarino sumir, permanecendo apenas os dançantes.
Algumas figuras marcam com condutas decepcionantes.
É a transfiguração: quando o artista não mais existe no ar,
Flores e imagens sedutoras surgem exuberantes a alegrar,
apenas a canção, a dança, a poesia e o poetar.
a embelezar nossas picadas e noss'alma perfumar.
Quando a totalidade se transforma no poema divino
Basta desenvolver a percepção, conectar-se com o Divino,
a arte pode nos elevar, ser uma conexão com o divino.
a natureza, os seres, compor seu poema, quadro, hino].
Existência tão efêmera, quanto exuberante, divina.

Comunicar [cativas]

Comunicar: não só ouvir, mas escutar sem julgamento.
[Escutar sem julgar, eis grande tormento.
Colocar-se empaticamente no lugar do interlocutor.
Um grande desafio: interser com quem for.
Exprimir-se com honestidade, civilidade, clareza.
Do coração: sensibilidade, gentileza, certeza e beleza.
Criticidade, entre outras competências comunicativas.
E mais expressões e formas com que – a alma – cativas].

II

Cativas mais belezas nas caminhadas meditativas.
[Abençoado quem é grato com o que a Vida lhe traz.
Aprendeu a lidar com ira, dor ou sofrimento num zaz.
Desenvolveu amorosidade, Luz, consciência.
E não somente cresceu em essência.
Bênção: satisfeito, grato, criativo, realizado.
Reluz e deseja o bem a todo o ser amado.
Compartilha amorosidade, compaixão, Luz.
É o que conscientemente nos seduz.
Vislumbro árvores, riachos, borboletas, flores.
Tornam o coração abençoado aonde fores].

Haikais

Ao Mestre Poietikus

Uau, poemei como cão!
Wau, wau! Voilà, temos um sarau!
Nada mau – poemão.

II

Coração – Amor
Cai, floresce Vida, vai
Fica dançador!

III

Cão, trabalhei d'capiau.
Wau, wau! Voilà, escambau!
meses em poem'ação.

IV

Ardor, brota dor
Vai enfrenta a Vida, cai
Dança, vira amor.

Primeira vivência poética

Gota Oceano integra
Um com o Cósmico vibra
Semente contém rosa negra
Nuvem chuva equilibra

Raiva espelha Amor
Batalha a paz
Todo (nove-vez-fora) Vácuo traz
Guerra no liquidificador

Poeta um fingidor no exterior
Uivo poético finge dor
Insight traz Luz, Amor
Poema verdadeiro parte do interior.

Consciência [Deus]

Tempos desafiadores clamam canalizar.

[Com a Terra, o Cósmico harmonizar.

Consciência de uma só humanidade.

Uns com os outros para melhor sociabilidade.

Postura amorosa e compassiva desenvolver.

O melhor de si solver.

Amar (des)envolve cuidar.

Com o Poeta Maior se religar.

O que se faz conscientemente, com ardor.

Ecologia, humanismo, espiritualidade, amor.

Sejam focos de atenção consciente nos fazeres.

Ao colocar nossa alma utilmente a todos os seres.

Consciência: presença de Deus no coração.

A voz sutil e silente do Poeta Interior orientando a ação.

A semente divina em cada um.

Centelha consciente que o coração une].

Poemas música

Poemas música: gotículas sopradas pelos ventos
entram aos poucos trancos na vida da gente
e com a força dos elementos
nos tocam agitam ajudam a despertar o reverente.

Poiese: toque palavra gesto
como uma brisa um sopro marítimo
passam a fazer parte de nossa vida — ritmo
uma parte de nós... Enfim manifesto.

Poemas estão em toda arte
olha um som infinito, uma melodia ao lado
eco da essência um coração encantado
abra-se a toda música em toda parte.

Poesias são para serem ouvidas
lidas sentidas compreendidas vividas
tocarem nossas vidas em verso
são gotículas partes do Universo.

Na linguagem do coração Poetas buscam seus sonhos
mesmo que não alcancem sucessos risonhos
diante dos desafios desta vida, tocam noss'alma
poesia música traz ao mesmo tempo caos / calma.

Amores citadinos

Em família (pai, mãe e irmãos): vinte e um momentos
e ela santa, um anjo das Missões, meu primeiro amor
citadino. Desgosto pelo calor, mais que gosto, clamor
quatro moradas, caseiros tormentos.

Por nascimento e impensadas ações, tornei-me vassalo de dor
Um concurso banca empregador me libertei
Para Ijuí e uma faculdade em que encontrei
em apenas três momentos, um amor avassalador.

Logo meu ser alçou voo no encalço de meu amor
Em direção ao meu terceiro amor citadino
Foz das águas do Iguaçu e do calor
em que vivi, aprendi por sete momentos, e ensino.

Longe das fronteiras paraguaias e argentinas, nos mares
o canto da sereia curitibana escutei: o quarto amor citadino
atraiu toda minh'alma até que alcei, pelos ares
repousei por doze momentos. Meu destino.

Sentia falta do campo. Logo descobri, libertino,
e me tornei súdito de uma fazenda soberana
apaixonado de a encontrar nos fins de semana
sem conhecer a que seria o quinto amor citadino.

Alma andarilha não sossegou e desafios levei
ao sexto amor citadino, a Capital Federal
a conhecer de perto o deserto tropical
encantador, pelo qual não me apaixonei.

Depois de quatro bons momentos brasilienses de calma
Compartilhando a curitibana e a boa nova com toda minh'alma
voltei sedento aos braços do ardor avassalador:
Curitiba é m'praia citadina. Por eternidade, meu amor.

Caminhar meditando [sonho]

Caminhar meditando

[É bom para o corpo caminhar estando
sentindo o frescor / calor da manhã

bom pr'alma caminh-meditar amanhã
quando o sol ainda não raiou

melhor para todos: caminh-medit-criou
eis experiência vivencial única.

caminh-medit-criar poema de túnica].

II

Além de meditar, escrever a nossa história, sonho:

[A história, transponho.
servir à humanidade, amar a todos os seres

A quem serve e o que se aufere?
ser compassivo, harmonizar-me com Deus.

Grandes sonhos meus.
Na minha idade, pode ser desafio medonho

Mais um desafio tristonho,
mas - quem sabe - junto a outros meus

que, com o apoio dos céus,
a escrita poética aceleres!

chegue a ser o que tu, poeta, queres].

Dentro d'alma [amor]

Encontro dentro d'alma encantos dos seres e da Natureza.
[Alegrias pequenas, gratidão com que a Vida traz, delicadeza.
O voo e o canto de um pássaro, um caminhar meditativo.
Plantio de uma árvore, um gesto amoroso, compassivo.
Um pôr do sol, a brisa, uma paisagem a imaginar.
O que mais couber em seu coração Lar.
Maravilhas: saúde, paz, realizações de sonhos.
Alegria brota n'alma ao alcançar sonhos.
Pelos quais batalhou e pode contribuir a rodo.
Com algo ainda melhor: a felicidade de todos.

II

A quintessência d'alma - e da Vida - é o Amor: exige compaixão.
[Relacionada às escolhas que irão determinar evolução (ou não).
Somos desafiados a aplicar conscientemente o livre-arbítrio.
Nossa evolução espiritual e cósmica, admite-o!
Somos almas-irmãs vivendo experiências de aprendizados.
Esperar humanismo, ecologia, espiritualidade sejam adotados.
Podemos emitir vibrações de Luz, Vida, Amor, Compaixão
Somos poetas responsáveis pela escolha apropriada à ação.
Temos de ser almas amorosas, solidárias e compassivas.
Poetar em nosso Livro Poiético da Vida é uma alternativa!]

Devagar [Vida]

Vamos devagar na Vida.

[A vida é uma corrida.

Um passo consciente de cada vez

Cada um tem sua esplendidez

sentindo o chão sob nossos pés

garante o voo por seu próprio "fez?"

totalmente meditativo aqui e agora

Quem não for consciente, perde sem demora

especialmente se estamos com pressa.

Assim é que é: uma Vida de amor nos apressa].

II

Vida com amorosidade: mais do que a si próprio amar:

[Um compartilhar consciente em que é tudo amor a nos tocar.

mente, alma, aceitar-se como se é e seu corpo meditar.

Emerge a alegria ao fluir amar, sem nada em troca esperar.

Amando a si mesmo, é possível amar a todos os seres,

Amorosidade envolve hoje-e-sempre meditativos seres

a natureza, o Planeta, o universo, Deus, as árvores, as flores.

e o despertar da compaixão e a amorosidade aonde fores].

Mãe [ensinou-me]

Mãe ajudou-me a ver: quando a vida nos trata às duras
Quando tudo parece não dar certo, não ir bem
É então que temos de mostrar quem somos nesse vai-e-vem
É, a pipa precisa enfrentar o vento para chegar às alturas.

Mãe mostrou-me as pessoas, os animais, os locais
Nas belas histórias que me contava
Quando menino minha imaginação sempre voava
À procura de aventuras, loucuras, sonhos e dos ais.

Mãe fez-me descobrir o prazer de receber sua benesse
Muitas vezes deixando de lado sua meta
Para que seu filho risonho as tivesse.

Mãe ensinou-me a amar a nova mãe em minha vida
Mãe embalou com carinho sua neta
Como se tivesse novamente nos braços filha recém-nascida.

Amor [avivou-me]

Amor empurrou-me a ver: quando a vida nos trata às duras
Quando tudo parece não dar certo: medo de não ir bem
É então que temos de enfrentar quem somos nesse vai-e-vem
É, a pipa precisa voar no furacão às escuras.

[Amor abrilhantou o lado forte das pessoas, dos locais
Nas belas experiências vivenciais em que eu apanhava
Ao seu lado a imaginação sempre voava, alçava
À procura de mais venturas, loucuras, sonhos, ais].

Amor fez-me sofrer o prazer de desfrutar sua benesse
Muitas vezes deixando de lado seus afazeres, metas
Para que seu poético amor mais sonhos tivesse.

[Amor avivou-me o amor da filha-mãe em nossa vida
Mãe das filhas, Amor embalou com carinho suas netas
Apaixonada, tendo nos braços neta recém-nascida].

Bondade [d'alma]

A bondade é o aroma d'alma.
[A prática amorosa torna-se a marca d'alma:
Percebe-se fragrância na expressão amorosa.
um gesto amoroso, uma palavra gentil deliciosa
Toques de rosas na prática compassiva.
colocar-se nos sapatos do outro de forma compassiva
Cheiros indicativos de que se está trilhando
ações generosas deixam o perfume d'alma brilhando
um roseiral perfumado no caminho espiritual.
Eis um caminho bondoso multiperfumado: feito habitual].

II

A busca da felicidade é ilusória. Só pode brotar d'alma.
[Um sorriso, uma flor, uma criança, um beijo na calma,
A partir das pequenas maravilhas: um passeio no campo,
um abraço, um gesto gentil, um pirilampo
uma prática amorosa, uma palavra amiga doce ainda,
uma poesia encantadora, uma imagem linda,
um bom dia caloroso, um abraço, um beijo, meditação.
e tanto mais quanto couber em nosso coração.
Viva em paz, seja compassivo. Trate de a Vida aproveitar
Torne-se um ponto de Luz: o Amor há de se espalhar
feito felicidade e consciência que se busca a partir do coração.
por meio da meditação, do que há de brotar compaixão].

Ignorantes [ilumina]

Quanto mais ignorantes de uma perspectiva divina,
[Os conscientes, meditativos em harmonia que ilumina:
mais distanciados da natureza e de todos fazeres,
procuram semear o amor e a conciliação entre os seres.
mais desconectados. Menos importa a preservação,
Estão interconectados e praticam a ambiental ação,
a cura dos males. Vivem a esmo, praticam o desrespeito.
Buscam semear saúde, unem-se e a todos dão respeito.
No fundo, os ignorantes estão em guerra consigo, a esmo.
Sabem que são irmãos e estão em paz consigo mesmo.
Mais apoiam a governante autoritário que guerreia, destrói
Mais apoiam a cooperação e a amizade que constrói.
tem armas como símbolo, pratica "o que é de todos, se tira",
Divulgam a verdade e procuram esclarecer sobre a mentira.
a corrupção, espalha o medo e é incapaz? Ignorante!
Procuram levar a Luz onde há treva reinante.
Quando há de despertar para o amor, a compaixão e a paz?
Para despertar da ignorância: levar a Luz no que se faz].

Meditação [desafios]

A meditação é um caminho
[Meditar é transformar o amor em um ninho
para seu Eu interior,
o encontro do poeta menor com o Maior, o Poeta Interior:
a uma realização espiritual.
uma comunhão poético-místico-musical].

II

Desafios meditativos parecem imensos no ar.
[Uma coisa de cada vez é o que pode nos animar.
Cada qual tem na vida desafios para realização.
Outros buscam a si mesmo por meio da meditação.
Uns têm sonhos de riqueza, fama, poder, conhecimento.
E podem colher a plenitude, a sabedoria, o momento.
Podem encontrar-se na amorosidade, compaixão.
Emitir vibrações de paz, amor, Luz, pôr a consciência em ação.
Não estou aqui para a expectativa social corresponder.
Você também não deve as expectativas alheias atender.
Pode procurar seu propósito realizar.
E com seus talentos servir com amor e mobilizar.
Desafios podem ser vencidos com perseverança, ciência.
Dedicação, um a um. Trazem aprendizado e consciência.
Um grande desafio é harmonizar-se com Deus:
Compaixão, felicidade para todos os irmãos espirituais seus].

Amor [silêncio]

A comida é o alimento do corpo; o amor o é para a alma.
[Sem comida, o corpo enfraquece; sem amor, endurece a alma.
Ao harmonizar-se com todos os seres, alcança o caminho da alma.
Ame, medite, seja compassiva: viva na calma.
Uma busca: tornar-se livre, una com Deus no centro da sua alma.
O Amor está na essência, reflete a harmonia das vibrações.
Vibrações de Amor se refletem em Paz em nossos corações.
A força do amor vibra independentemente de nossas ações].

II

Meditar no amor: criar um silêncio absoluto
[Ao meditar, desfruto
um vácuo profundo dentro de mim
um testemunhar, meu profundo cair em mim
no qual se pode olhar para dentro
mergulho ao meu profundo centro
em busca de, ao Divino religar-se:
em busca do acordar, libertar-se!
O experienciar Deus em meu coração.
Uma Divina e amorosa realização].

Vida [meditar]

A Vida é um livro no qual temos liberdade de registrar...
[Nossas ações insensatas a causar sofrimento, envergonhar.
Nossas práticas amorosas, compassivas e conscientes.
E os frutos de nossas práticas inconscientes.
No Livro da Vida vamos registrando...
Meditando, fazendo poesias, pintando, criando.
O caminho surge ao se dar cada passo com consciência.
Ou deixando o Livro borrado, em branco (inconsciência).
A Vida é uma tela em branco que pode se tornar...
E - de forma consciente - se moldar: sofrimento pintar.
Ou registrar momentos de testemunho e felicidade.
De livre escolha, criar - em nossa Vida - liberdade].

II

Antes de dormir, podemos meditar como está nossa Vida.
[Agradecer por o que aconteceu: encantos, amores, alegria.
Refletir sobre os momentos de postura raivosa.
Ou, descorteses: sofrimento, ao agir de forma não amorosa.
Refletir sobre as negativas sementes cármicas raivosas.
Agradecer o aprendizado e as alegrias amorosas.
Harmonizar-se com todos os seres e com o Divino.
Cada momento consciente pode ser um hino.
Fazer o melhor, acreditar que ainda é possível, ter entusiasmo.
Esperança, amor, compaixão e semear nosso porvir a esmo].

Efêmera [serendipidade]

A beleza é efêmera:

[A Vida é quimera

apresenta-se com todo esplendor,

apesar de toda alegria e ardor

no momento seguinte o sol, a chuva e o tempo agem.

nos traz grande mensagem

A nossa existência é tão efêmera como a de uma flor,

há flor e dor aonde for

mas nossa alma é eterna.

pode-se encontrar alma terna.

Estamos aqui como aprendizes.

Afinal, somos como dizem?].

II

Serendipidade: efêmero encontrar

[Sem buscar, se deparar:

por acaso ou por sorte

Serendipidade, que importe

uma montanha verde, um serelepe, um ser de Luz

o que em nós reluz.

uma flor única. Ou o que você está pensando.

Sem saber, a buscar ando.

Ou descobrir e se encantar com algo ou alguém

De repente, sinto-me encantado com quem

que você não buscava.

sem imaginar, amava].

Aprender [encanta]

Aprender a sentir o calor do sol é encantador.

[Abraçar uma árvore de manhã é acolhedor
Caminhar quando tem sol (ou chuva)

enlaço a todos, no solão ou implúvia
escutar o cantar da natureza

escuto e sou reconhecido por toda delicadeza
o fluir vibracional em sua forma luminosa (ou líquida)

sou atento a Luz radiosa ou a chuva recaída
a terra, as árvores... abraçar.

o sol ou a chuva o coração se põe a irradiar].

II

Há pessoas que irradiam Luz com sua presença.

[Tudo parece ser mais simples se redescobrimos a essência.
Nossa alma se alegra, o nosso coração enaltece.

de nosso viver. E os problemas por momentos se esquece.
Seres de Luz - verdadeiros raios que expulsam a dor.

Despertam em nós criatividade, compaixão, amor.
Emitem vibrações sutis que harmonizam nossa divina essência.

E o coração se encanta em face de sua presença].

Ter [ser]

Existem os que pautam sua vida pelo ter:
       [Outros se orientam pelo ser, que descura o obter,
bens, coisas, pessoas, e pelo ódio, pela arma.
       pelos livros, pelo saber, pelo amor que desarma.
Tenho comigo que há ainda um caminho do meio, lógico,
       Amam a todos, são compassivos em meio ao agir ecológico,
entre o material e o espiritual, o se humanizar.
       humano, sensível no mundo e não cessam de se maravilhar].

II

Para colher o maravilhar, precisamos semear, cuidar, ser.
       [Ser e harmoniosamente com todos os seres conviver.
Paz, amor, serenidade, Luz, compaixão, felicidade a esmo.
       Cada um reflete o que vai dentro de si mesmo:
Se emite vibrações sutis de amor e compaixão àqueloutros...
       Sua vida será plena e abençoada. Agora, se critica os outros...
Se emite vibrações densas, sente inveja, está irado...
       Tudo irá ser conforme tem pela Vida semeado].

Condicionamentos (memória]

Precisamos desaprender para o essencial aprender.
[Condicionamentos sociais religiosos ideológicos a desaprender.
Muitos condicionamentos planetários existem.
Sem que estejamos conscientes de que nossas vidas orientem.
Precisamos reavaliar para podermos crescer espirituais.
Ao Vácuo, nos libertando de amarras ideológicas e sociais.
Humana e ecologicamente em direção às estrelas, ao infinito.
Incutido na memória. É o que sempre nos tem sido dito].

II

Na memória, lembramos as almas dos que vivem em outro plano.
[Honramos os queridos mortos no coração soberano.
Para sempre n'coração que, amoroso, acolhe a todos.
E o que podemos desejar para nós e para todos...
Uma boa morte e um bom e consciente conviver.
Morte é certeza. O grande desafio consciente é viver].

Gratidão [de coração]

Gratidão: muito a reconhecer:

Conhecer, reconhecer. Agradecer

por mais um dia, saúde, família, paz

por ser poeta capaz:

pela amorosidade, compaixão no coração

mais gratidão

pelos amigos que leem nossas poesias,

abração a quem nos lia há dias.

comentam, curtem

Acima da crítica. Amém!

dão um sorriso quando nos leem,

Enfim, a Graça Poética sobrevém.

e por muito / tudo mais.

De coração, gratidão nunca é demais].

Práticas [conviver]

Relaciona todos nós um fio invisível de práticas amorosas.

[O fio pode ser apertado, emaranhado, virar prosas.

Sem ser rompido o fio e - de maneira nenhuma - nos prender.

Seres espirituais temos uns aos outros para nos entender

uns nos ensinam com suas práticas amorosa e compassiva.

Outros dão oportunidade de, com o mal, aprender na ativa.

Aprender o que não apoiar das ações desarmoniosas ao viver.

Podemos celebrar a Vida e finalmente em paz conviver.

Temos o desafio de construir fraternidades espirituais.

Somos uma só humanidade dividida pelas castas atuais.

Amorosa e harmoniosamente temos missão de conviver.

A maioria, sem saber, veio aqui para aprender a viver.

Vivemos um tempo que pode ser de Luz, paz, de se irmanar.

Desenvolver compaixão, Amor. Em que podemos nos cuidar].

Tratamento justo [reconhecemos]

Fair play: tratamento justo ou imparcial

[Não foi injusto nem parcial
a aceitação serena, elegante, do que acontece

nem é tão difícil ver, reconhece!
e não depende de nós.

Fora do alcance, após.
É o contrário do fanatismo clubístico

O apreço poético-ensaístico,
religioso, ideológico, político.

um conceber crítico,
Aceitar que os meus candidatos não ganhem

acompanhem!
que meu time perca,

O poeta não se alterca.
e que eu não seja o poeta preferido.

Muito de poética foi aprendido].

II

Aprendemos? Ou só reconhecemos quando incomoda ou falta?

[Autocrata corrupto e despreparado forma malta.
Uma dor, uma perda, uma mágoa... uma doença incomoda.

Já a saúde, a paz, ou alguém ético não estão na moda.
Infelizmente o espiritual, humanista, ecológico nos faz falta.

E depende de nosso consciente aprendizado para voltar à alta].

Compartilhar *[abertura]*

Compartilho o que quero atrair para o Planeta,
[Os versos são o que me dá na veneta.
para o País, para mim, você e todos os seres:
Cada um tem em mente seus próprios prazeres.
alegria, Paz, harmonia, criatividade, amorosidade,
As escolhas de cada um dependem da capacidade.
compaixão, Luz na caminhada espiritual,
Os caminhos se abrem com ritual.
a Natureza e o Cósmico com seus encantos.
Eu cá e o Divino nos seus cantos.
Em suma, tudo de bom e belo.
Compartilhar cria em nós um elo.
Compartilhar envolve abertura a outras concepções:
Não se achar com as verdadeiras compreensões.
Muitas vezes sem evidências.
Considerar outras perspectivas das ciências.
O que acreditamos pode ser condicionamentos, preconceitos.
Podemos estar imersos em bolha de equivocados conceitos].

Natureza [jardim cósmico]

A Natureza tem belezas para noss'alma encantar.
[Na cidade há belezas e boas vibrações pr'acalmar.
Harmonizar-nos com o Divino e os seres, sem enrosco.
Campo e montanha permitem reconectar conosco.
Ah, quanta graça / beleza nestas flores, com que deparar.
Ao me deparar, em meu caminhar e meditar.
Ao olhá-las, reflete-se em mim amor, paz, quietude.
Ah, quanto a Natureza tem a nos dizer: "estude!"]

II

A rosa pode ser associada à noss'alma
[Na Natureza, posso ser uma rosa-das-almas.
como se fôssemos parte do jardim cósmico.
Ao nascer, cada ser contém uma semente cósmica.
Podemos ser uma de suas roseiras
Brotei rosa em meio as espinhosas-roseiras,
a dos seres humanos, que tem vários galhos
cresci em meio poético na Rosália
e espinhos, e que dão rosas multicoloridas.
desenvolvi espinhosas formas coloridas].

Vida [testemunhe]

Vida: sejamos gratos aos ventos deste cósmico oceano.

[Corrida: tudo faz crescer espiritualmente, aprendiz aquariano!
Consolida dentro de si os sopros d'alegria e êxtase!

Lida com tudo: há algo a ensinar. São os desafios da fase:
Ferida: lide conscientemente com a tempestade!

Sofrida é a nossa vida: dores, más escolhas, errar há de.
Sofrer? Tudo nos traz lições e ajuda a crescer.

Aprender a enfrentar furacões na travessia, aprender.
Prender-se na tristeza, felicidade? Também passam!

Tender a tornar-se consciente do que decorre e abraçam.
Entender que tanto as alegrias, quando os sofrimentos...

Empreender: sejamos reconhecidos por conquistas, momentos.
Compreender que isso passa! É mais um dos ventos da Vida.

Aprender consciente: voemos na oportunidade sofrida.
Duramente recordo o instante de voo. Aprendi.

Totalmente se pôr no que estivermos enfrentando, entendi.
Somente eu estou feliz? Sim, neste momento voando feliz.

Diante de desafio ou dor, testemunhe! Nem que seja por um triz].

II. ENCONTROS POÉTICOS

Encontro: a busca da primazia da amorosidade
O abraçar a alma
O êxtase na meditação que acalma
Ao encontro da poética da afetividade.

Primeira casa

N'alma alegria tenho gravada
Tabuas, madeira, pregos, lonas, lar
erguer a primeira casa enfim acabada
Muito suor no fazer edificar.

De calção, sem camisa, pé no chão
Junto com meu irmão mais velho
Sem projeto, sem planos, só ideação
Casinha com assoalho, diz o mano véio.

Telhado firme com ripas a levantar
Cansado de o árduo fazer da primeira morada
Teto pronto, levanto o braço a descansar
Pronta, que venha a chuvarada!

Carma [viver como apraz]

Amado *Criador Poietikus,*

[Refléxìo ao aprendiz poético,
A forma como (des)tratamos as pessoas
A vida é uma guerra das boas:
torna-se nosso carma;
enfrentá-la, deixa-nos quase sem arma,
a postura, como - às rosas - elas (re)agem,
na malandragem, sem outra abordagem
influi em noss'alma.
que não seja despertar amor e calma.
Ninguém pode nos furtar a paz.
Uma guerra interior para se viver como apraz.
Podemos promover encontros & escutas com calma.
E – pelo amor – realizar o armistício das almas].

Odiosidade [amorosidade]

Quando alguém mergulha nas trevas da odiosidade,
[*A Luz expulsa as Trevas. Só cessa o ódio e a maldade*
da intolerância e outros venenos,
com a volta do amor, da compaixão, dos serenos
é quando se perde da busca da Luz Maior, da verdade.
momentos de Luz e de bondade.
Entra em luta consigo mesmo. O desafio:
A prática da amorosidade é o maior epitáfio:
dar-se conta do que consigo acontece
espiritualidade e poesia nos coraçõesnão esquece!
e, com consciência, meditar. As vibrações de amor
Acolher a paz em nossos corações – com flor
O poderão trazer de volta e o harmonizar com Deus.
E, onde trevas, semear nossa centelha de Luz, m'eus].

II

No oceano poético, ao mergulhar no rio da odiosidade,
[*Talvez este poema vá ao contrário do rio da maldade*
da violência, ira, discriminação, injustiças e mais venenos,
ao propor a volta do amor, da compaixão, dos serenos
é quando se perde na busca da poética da verdade.
momentos poéticos de beleza, Luz e bondade.
Entra em luta com os tormentos d'alma. O desafio:
A prática da odiosidade está por um fio:
dar-se conta de como a Vida destrata e acontece
espiritualidade e poesia nas canções – não esquece!

e, com consciência, refletir, fluir vibrações de amor –

Acolher a poesia em nossos corações – como for.

– trazer de volta e harmonizar com os poéticos eus.

E, em trevas, espalhar a centelha do amado Deus].

Pela primazia [da amorosidade]

Pela primazia de testar uma pessoa:
        [Amorosamente construir algo que ressoa:
como é quando ela se encontra de poder investida?
        a primazia da amorosidade na Vida
Está fora de si, irada, bêbada?
        a pessoa Vida afora por tudo apaixonada.
Como ela se comporta quando deslumbrada
        Um Aprendiz da Vida, em paz, ressoa encantada
com algo ou alguém?
        amorosamente feliz como ninguém!].

II

No oceano poético, versos como quem chama a pessoa:
        [Amorosamente construir algo que ressoa:
Se derrama de amor na maior investida.
        a primazia da amorosidade na Vida
Está Amor, apaixonada, posto às vezes contrariada.
        a pessoa Vida afora por tudo apaixonada.
Em amorosidade se comporta deslumbrada
        Um Aprendiz da Vida, em poemas, ressoa encantada
vive a primazia do amor por algo ou alguém.
        amorosamente feliz a poetar como ninguém!].

III

Oceano poético - margens d'rios: odiosidade, amorosidade.

[Talvez este poema não seja seu gosto, pela maldade

O rio da forma, dos efeitos das palavras e seus venenos.

ao estar acostumado às más notícias, aos serenos

Rios de conteúdos: Luz, amor, beleza, espiritual verdade.

momentos de ódio, violência, desgosto, falta bondade.

Trevas, *noir*, feio, ódio, materialidade que traz desafio.

A prática das milícias, desgraças, odiosidade por um fio:

Dar-se conta de como a Vida retrata e o que acontece

formas vazias, palavras esdrúxulas, ideias ocas – esquece!

e, com consciência, deixar fluir vibrações poéticas, amor.

Acolher a estética dos corações a reverberar – como for.

Harmonizar com a poética do interior – os Divinos Eus.

E, trevas, semear a Voz poética do Amor de Deus].

Amar [odiar]

Deus é Amor já ensinou O Mestre.

> *[Cada um sente ódio: nada impede que se mostre*

Estamos aqui para aprender

> *a não ser os condicionamentos e o risco nos prender.*

a amar incondicionalmente

> *Nada nos impede de enraivecer, não somente*

– tornarmo-nos amorosidade,

> *colocar em ação a humana odiosidade,*

sermos seres criativos

> *sempre um fazer tristonho: manter os ódios ativos.*

e desenvolvermos compaixão por todos os seres

> *Com a desculpa da desavença, raiva... É o que queres?*

e conscientes nos religarmos à Luz Divina.

> *Ou a vida não nos dá escolha, nos deixa na surdina?]*

II

Escolha: dentro de nós criativos, amorosos, sonhando apoiar

> *[Estamos desequilibrados: raiva a irradiar*

vidas e o planeta; o melhor de nós – explorar;

> *vibrações densas em nós mesmos e em tudo a impregnar.*

de bem com a vida, com a felicidade alheia nos alegrar;

> *Algo ou alguém em nosso lado sombrio – a devastar:*

em paz conosco, com os outros e o Todo, a irradiar

> *raiva, intolerância, cobiça, inveja – a odiar.*

Luz, Vida, Compaixão, Paz, e mais Amar.

> *Gera carma negativo – guerra. Escolha: Amar ou matar?]*

Perdoar [aprender]

Um desafio é perdoar sem guardar mágoas.

[Pisar em meus calos: quer que fique às boas?

Todos somos imperfeitos, temos fraquezas

Pisar em seus calos: beleza?

podemos conviver harmoniosamente.

Que desafio: viver civilizadamente!

Prevaleça o amor, a compaixão, o perdão

Prática amorosa e compassiva colhe perdão.

Tenhamos paz!

Enfim, "perdoar" está em cartaz].

II

Na vida tudo tem de ser a tempo.

[É uma ilusão todo o tempo:

As ideias banais e originais entram em voga

concepções repetem-se como droga

ou tropeçam na moda,

o papel tudo espreita na Vida que rola.

mas o (des)aprendizado é um processo eterno.

(Des)aprender é um desafio interno.

Estamos aqui para aprender a amar e perdoar

Vivenciar conscientemente é o sonho, o novo olhar:

termos compaixão por todos.

compreender e amar de conscientes modos].

A paz tropeça em nós [outros]

Se você quer paz

[Os outros tomar-lhe a paz – é capaz!

aquiete seu coração

Senão, ponha a paz em ação:

fique presente, consciente.

Testemunha, esteja paciente,

Busque a paz com você,

a sua Vida adoce

com os outros, com todos os seres.

consciente a todos deveres

Mergulhe na quietude

tome a adequada atitude:

irradie amor, seja compassivo.

da Vida, seja um amigo cativo.

A paz tropeça em nós.

Em dentro e em outros: a paz – se fica – faz-nos].

Percalços [competição]

Cada qual tem seus percalços na vida.
[O transcorrer da Vida traz muita ferida
Uns têm sonhos: riqueza, fama, conhecimento, poder.
ao rastejar ou voar para sobreviver.
Outros querem apenas sobreviver às crises, às guerras.
Um desafio extenso há eras.
Preservar a vida, o bem-estar, o meio-ambiente, a cultura.
Para uns – na merda! A vida os "rapa" – é dura;
Viver em paz e harmonia.
para outros – aos peidos! A vida fútil – é agonia.
Buscar a si por meio da meditação, amorosidade.
O que ainda piora com a idade.
Harmonizar com todos, mergulhar na paz profunda.
Até que a barca da Vida afunda].

II

Na vida, podemos direcionar nossas vibrações.
[Direcionar a saúde, diálogo, humanismo e cooperações.
Direcionar à espiritualidade, à amorosidade, à educação.
Direcionar a ecologia, artes, ciências, a poética criação.
Ou dar continuidade à mentira, à discórdia, à divisão.
Divisão entre os meus – versus – os outros, a competição:
O dinheiro importa mais que vida? E o mundo interno?
Desamor, ira, guerra entre irmãos – um inferno.
Ao contrário, podemos em harmonia viver – preferirmos.
Humanistas, ecológicos, espiritualistas ser – escolhermos.
Cooperar: construir um tempo de amor. É a convocação!
Construiremos um tempo de paz e conciliação!]

Adversidades [regar]

O que aprender com as adversidades, as guerras?
[Com a agressividade, o quanto erras?
Paciência e um aprendizado de respeito ao próximo
Adversidades são sementes de ânimo
que podem nos levar a uma espiritual revolução.
que florescem pela Luz e pela adequação.
Cuidemo-nos e roguemos ajuda divina:
Há de descer sobre nós a paz celestina
A irradiar vibrações de Luz, Amor e Paz a toda terra,
na medida em que se (des)aprende e não mais erra].

II

O Amor é uma flor muito frágil.
[Do Poeta Interior brota a flor do amor ágil:
Precisa ser amorosamente regada
florescer escuta e olhar profundo à amada
crescer e emitir cada vez mais Luz.
cultivar compreensão, respeito, amizade reluz
É cuidada por um ambiente amoroso
semear alegria, pensamento compassivo e respeitoso
para da lama da Vida poder florescer para seu Norte
regar amorosamente sem apegar, cuidar sem corte.
em bênçãos, amorosidade e compaixão poder florescer.
De repente, a flor do amor há de ágil crescer].

Abençoado [amor]

Com amorosidade, o coração abençoado:
> *[É bom para o corpo caminhar meditado:*
fluir o amor divino e compassivo:
> *torna o andar com consciência ainda mais altivo.*
sentir comunhão Divina no frescor da manhã
> *Bom pr'alma caminhar sem pensar no amanhã.*
quando o Sol a alma ainda não abençoou
> *Ótimo sonhar, voar: caminhou & poeticou!*
Vibração poiético – amorosa que boa vida implica.
> *Meditação & criação: vivência poética indica].*

II

O mais importante na Vida é o amor.
> *[Estamos na Terra para aprender pela dor.*
Pode surgir a compaixão
> *Que temos a apanhar na árdua lição?*
em decorrência de poética milagrosa.
> *Que mistérios guardam uma rosa?*
Assim como a paz profunda,
> *Que aborrecimento nos afunda?*
a infinita felicidade
> *Isso passará com o aprimorar da amorosa capacidade?*
emerge da harmonização
> *Os bons e os maus momentos passarão!*
com todos os seres.
> *Eu, poeta passarinho, brindo aos poéticos (a)fazeres!].*

Peneiras [sonhos]

Lembrei-me das peneiras atribuídas a Sócrates:

[A filosofia causa belos embates

uma pessoa queria contar algo sobre um amigo.

mexerico desde tempo antigo

Sócrates fez impertinentes indagações:

ancestrais metafísicas ilações.

"O que você dirá é verdadeiro, bondoso, útil?"

Outra ponderação nem mesmo subtil

"Ah, não tem firmeza de que é verdade, bom e útil?"

que nem - por mais ou menos - passa no funil.

Mentira chegou, desarmou: "Fique com você!"

Sem eiras e beiras, nem conte fofoca precoce].

II

Cuide-se! Vibrações irradiam até o coração.

[Medito, estou silente em oração.

...A mão esquerda capta Luz Divina.

Aleluia, aleluia, minh'alma se ilumina!

Irradia em mim - Vida... Emito Amor...

Deixo de lado o eu sofredor.

Sinto perpassar-me vibrações sublimes de Luz, Vida e Amor.

Emerge a Luz Poética resplandecente do Criador!

Estou em sintonia com Deus e com você!

Oh, os grandiosos sonhos meus!].

Viver [a hora]

Assim é que muitos vivem:

[Esqueceram como é viver. Avive-o!
Depressivo no ontem (uma lembrança)

Cuidam só da criança, da pança, da poupança
ansioso no amanhã (um sonho)

uma vida sem sentido, algo medonho.
em paz no agora (a realidade).

Nada aprenderam, apesar da capacidade.
O momento atual é o que existe.

A semente das possibilidades persiste.
Se quiserem ter contato com a Vida,

Estamos ainda no meio da partida:
estejam aqui presentes:

consciente, pode ainda conviver com muitos entes,
consciência no aqui e no agora!

mas não espere perecer. Vive a hora!]

Desenvolver [podemos]

O que podemos desenvolver,

[Nossas práticas reavaliar e volver

expressar com palavras e ações

às amorosas considerações,

refere-se ao nosso desenvolvimento anímico:

que nos ajudam a evitar o mico

o que mais conta na Vida.

desta Vida, esta desafiante corrida

Cuidemo-nos e, sobretudo, a nossa centelha Divina,

em busca do que nos ilumina:

que nos une à Luz Criadora, a Deus.

os anímicos desafios meus.

Estamos aqui aprendizes.

É o que podemos sonhar enfrentar. Se é o que dizes].

Vislumbrar [poder]

Só se pode vislumbrar
>   *[Algo nos impede de relembrar: um umbral*
algo do caráter de um homem
>   *separa (in)visível, nossa interioridade, do além:*
quando ele tirar suas máscaras
>   *a face antes de nascermos: nossas verdadeiras caras*
libertar-se dos condicionamentos sociais e culturais.
>   *detrás de todos eus e dos demais].*

II

No poder: uma máscara amorosa, compassiva,
>   *[Reflete a consciência cooperativa:*
humanista, comunicadora, com capacidade gerencial
>   *o que vai em si, amorosidade sem igual:*
e conciliatória: a vislumbrar em um sonho.
>   *o Sol da compreensão até pode parecer enfadonho.*
No votar: em um egoísta, autoritário, falastrão, incapaz,
>   *Fazer escolha egocêntrica? Bem capaz*
mal assessorado, sem decoro e improbo: um pesadelo?
>   *de a enganação ser deste pesadelo o elo].*

Aprimorar [práticas]

Somos almas irmãs encarnadas para nos aprimorar.

[Vamos os desafios com amorosas ações enfrentar!

Fruto de ambição imperialista, uma guerra insiste.

Para as nações é prova que no ar o mal persiste.

Agir! todos nossos irmãos espirituais proteger.

Afinal, muito ou nada temos a temer?!

E, para que os líderes mundiais acordem, emitir vibrações

Vamos construir a paz em nossos corações.

de Paz, Amor, Compaixão – sensibilizando-nos.

Vamos fazer a nossa parte: com o Divino harmonizando-nos].

II

Como nos harmonizar? Revelados em suas práticas

[Pensamentos, palavras, silêncio: táticas

os maiores valores:

escondem pequenos horrores, amores, louvores

- Ligam as personalidades-almas à grande Alma Universal – a amorosidade;

que a Vida nos traz como dificuldade.

- Irmanam as almas – a compaixão.

Experimenta-se muito antes de adentrar no caixão.

Ambos os valores relacionados com meditação,

Vida e morte exigem maior consideração:

um dos caminhos espirituais.

amar, ser compassivo, meditar – práticas habituais].

Harmonia [fluir poiético]

Amar a si próprio reflete-se
        [O compartilhar incondicionalmente repete-se:
em amorosidade e Divina harmonia.
        dar sem pensar em troca – angélica sinfonia.
Meditação transmuta o ser em compaixão, paz.
        Ame a si próprio e o próximo: seja capaz!
O que podemos desenvolver com palavras e ações
        Muita alegria ao emitir sutis vibrações.
refere-se ao nosso desenvolvimento espiritual.
        Medite hoje, amanhã: sempre consciente, sem igual.
Cuidemo-nos e de nossa Divina centelha de Luz
        Ame, compartilhe tudo o que reluz.
que nos une ao Mestre *Poietikus.*
        Amorosidade: fluir poiético].

Sem esperar [fluir]

Quando se ajuda uma pessoa diversas vezes
        [Muitas sementes ao vento. Enfrentamos revezes,
e o que se obtém em troca é incompreensão,
            ingratidão se transmuta em compreensão.
agressividade e ingratidão?
       Do enfrentar o rigor da tempestade, surge compreensão.
Faz parte do aprendizado ajudar os irmãos espirituais
        A persistência em aprender nos torna especiais:
e emitir vibrações de amor para todos os seres,
          sempre pode ser como sonhas e queres
sem (nada em troca) esperar.
        quando se cansa de enganar, ludibriar, errar].

II

Feliz quem amorosamente se desapega
          [Quem faz o amor brotar e o rega
de (in)significantes coisas
          sem impor seus tons às brisas.
e do que quer que o coração lhe traga.
       Expressa seus dons, mas nada do que destoa, apaga.
Sempre pelo consciente aprendizado é grato.
        Dá forma ao que se oferece, registra no ato.
E, sem esperar, deixa a alma florir.
        Na paz, a amorosidade pode fluir].

Ingênuo [encantos]

Posso ser considerado ingênuo:
[As escolhas têm a ver com nosso gênio:
o mundo é das pessoas honestas e verdadeiras,
algumas praticam arte, fotografia, poesia – as arteiras
buscam amar, meditar, serem compassivas e criativas.
outras fazem ginásticas, natação – as esportivas.
Desejo muita Luz para os que a isso dizem sim
Cada qual impõe à Vida seus tons e vai voando assim:
muito mais Luz aos que ainda não estão a fim.
apanhando, alegrando, rastejando até chegar ao fim].

II

Na Vida, a Natureza pode encantar noss'alma!
[A beleza das flores, com que, numa manhã calma,
E nos harmonizar com o Divino e todos os seres.
ao caminhar meditando, encontro. É o que ouvir queres?
Campo e montanha permitem reconectar nossas ações e seres
Ao olhá-las, reflete-se paz, quietude, bem-quereres.
com o Divino. Na cidade, também há encantos e boas vibrações.
Penso: quem, enfim, não quer semear boas ações?
Ah, quanto a Natureza tem a ensinar! E oferecer
A conexão com a natureza me permite melhor Deus ver.
alimentos, aromas, beleza e muito mais: a essência.
O trilhar de um caminho harmônico com a Existência].

Meditativos [desafio]

Caminhantes meditativos
          [A prática do bem nos deixa pensativos,
sem direção certa a seguir,
          a marca amorosa n'alma faz surgir:
apenas o desafio de se libertarem:
          quando uma palavra amorosa pronunciarem.
Ao dar um passo consciente de cada vez
          E, conscientes, meditarem sobre o que se fez
em seu poético caminhar.
          E deixar a bondade d'alma brilhar].

II

Aos meditativos, um desafio na Vida:
          [Grande peleja: a Vida, uma subida
sermos uma Luz para nós mesmos,
          em que, quando a luz falta, ficamos a esmo
como ensinou o Mestre Buda:
          não há direção, nem ajuda.
o caminho da compreensão e do amor por todos os seres.
          Tropeçamos, e, por mais que as passadas aceleres,
Encontrarmos em nós mesmos a plenitude, o êxtase,
          Caímos, ofegantes, estando, por um quase,
a Luz Poética, o Divino Vácuo.
          ainda, sempre, no caminho trevoso. Sem recuo].

Guerras [almas perdidas]

Todo meu apoio aos bravos irmãos em guerras
[Perdoai-os? Não sabeis que erras?
meu rogo à paz, à conciliação entre os seres humanos.
Na Terra, sois espirituais manos.
Guerra é insanidade. Só há uma posição aceitável:
Loucura do fornecedor de armas notável?
a dos que têm suas terras invadidas.
Importai-vos com as almas perdidas?
Que os guerreiros imperialistas e extremistas percebam
Contanto que vossa paga recebam?
quanto sofrimento espalham!
Os amores queimam feito palha – atrapalham.
Deus nos livre da loucura de irmãos expansionistas!
Abaixo os extremistas e os imperialistas!]

Oceano Cósmico [magia]

Vivemos num Oceano Cósmico, fonte-de-Luz:
[O Oceano Cósmico permite a nós gotículas de Luz
para nadar, mergulhar, amar, aprender,
um mergulho interior: amar incondicional sem nos prender
assenhorando-nos de nossos pensamentos, palavras, ações.
nas sementes que lançamos, com nossas vibrações,
Compassivos, criativos sermos
com a Luz Divina e com todos os seres harmonizarmos
canalizarmos amorosidade, a oceânica cósmica energia.
entregando-nos ao Oceano Cósmico da Vida e sua magia].

II

Magia, pensamentos, palavras, práticas têm grande poder,
[Dons trazem responsabilidades: a condoer,
maior do que pensamos. Cuidemo-nos!
do mau uso. O quanto antes, conscientizemo-nos!
As vibrações, que sejam sutis, em defesa da Paz,
As sementes cármicas estão em tudo que se faz:
do Amor, da Compaixão pelo irmão que sofre.
Tornam obrigatório o que se colhe.
Reequilibrar e harmonizar a Terra!
Consciência no uso do tom evita guerra e do que se erra!]

Aprenda [viagem que é a Vida]

Aprenda com cada desafio ou dor. Independentemente

[Nesta viagem - que é a Vida - há infinitas almas-mente

do que estiver experimentando, respire profundamente,

nossas companheiras de jornada, felizmente.

esteja consciente, reconheça a oportunidade de entender.

Algumas seguem à frente: são com quem podemos aprender,

Seja grato pelas conquistas, pelo bem que a Vida render.

as mais evoluídas espiritualmente, sem nos prender.

Torne-se consciente das oportunidades a decorrer

Se vislumbre divino por meio de uma pessoa nos ocorrer.

das alegrias, das más escolhas, do errar, do se dar mal,

(Ela) é um veículo. Sejamos gratos pela vivência espiritual.

do sofrimento e de que enfrentar desafios difíceis é normal.

Aceitemos o vislumbre divino e sigamos sem pensar mal.

Somos aprendizes na Vida: a entender.

A trilha espiritual é feita por nós mesmos – a aprender.

Tudo e todos têm algo a nos ensinar e nos fazem crescer.

Se a bem-aventurança veio para nos fazer ascender,

E humana, ecológica e espiritualmente compreender.

a Fonte está em nós. Precisamos entender].

Testemunha [libertação]

Ser testemunha:
$\qquad$ *[Sem pensamentos, imponha*
desenvolver a consciência
$\qquad$ *um Vácuo meditativo de paciência–*
de o que nós
$\qquad$ *que – envolve-nos –*
semeamos, regamos,
$\qquad$ *num mergulho na floresta de nós mesmos – apreciamos!*
nós colheremos.
$\qquad$ *E que quietude encontremos!]*

II

Testemunhe ao deparar-se com a Luz:
$\qquad$ *[Luz Divina que nossa alma à libertação conduz.*
as belezas da natureza e dos seres – contemplando
$\qquad$ *Algo que sempre estivemos buscando*
vida de bem-aventurança, amor e compaixão – vivêssemos.
$\qquad$ *e que estava à espera que redescobríssemos.*
A rosa é associada à noss'alma
$\qquad$ *Em meio ao Jardim Cósmico, ser uma rosa das almas.*
como se fôssemos parte do Jardim Cósmico.
$\qquad$ *Ao nascer, em cada ser brota uma semente cósmica:*
Somos uma roseira
$\qquad$ *brota rosa em meio aos espinhos, altaneira,*
a dos seres humanos, com galhos,
$\qquad$ *cresce em meio poético na Rosália,*
espinhos e rosas multicoloridas.
$\qquad$ *desenvolve frenéticas formas coloridas].*

Propósito [problemas]

O bem de todos os seres pode ser nosso propósito de Vida.
[Amorosidade é expressão de nossa busca da divina guarida,
No Oceano Cósmico de vibrações a partir do Eu Superior
estreita comunhão com Deus, por meio de um olho interior:
vivemos para aprender a controlar o impulso interior,
transmite orientação direta intuitiva – nosso Poeta Interior.
sermos criativos e canalizarmos a Luz trazida.
E, ao compartilhar poemas, somos aprendizes na Vida].

II

Na Vida, às vezes problemas você mesmo cria.
[Aprendi: existem ilusões que, como testemunha, você ria.
Testemunhe: ria com paciência:
Que tal rever possível enrosco partir da consciência?
O que parece bom para sua essência Divina, é bom.
Em essência, trata-se de uma questão de poético dom.
Siga o caminho que seu Poeta Interior lhe indica:
Seguir o caminho do coração é a dica.
Sua centelha Divina está harmonizada com Deus.
E vibrar em sintonia com o poemas seus].

Serenidade [inquietações]

Serenidade: a ausência de movimentações bruscas,
> *[Sereno: alguém que procede com reflexões justas,*
de mudanças desagradáveis. Sereno: ações moderadas,
> *sem paixões, de formas equilibradas, sensatas, ponderadas.*
denotando paz e tranquilidade, isenção de agitações.
> *Contrapõe-se a toxinas: ira, raiva, ódio – essas ações*
Manso, tranquilo de espírito, sem perturbações.
> *podem gerar incontroláveis inquietações].*

II

Podemos nos tornar conscientes de nossas inquietações:
> *[Levar a Vida de maneira inconsciente das ações:*
viver com modéstia, simplicidade, sobriedade,
> *estragar a saúde, não se importar com o passar da idade,*
levar a vida sem luxo, sem querer brilhar,
> *abusar do poder, dos bens, ofuscar todos, ralhar.*
praticar o respeito ao próximo,
> *Uma vida em que põe o outro no limo*
assumindo uma postura de humildade.
> *e se está iludindo como se fosse uma barriga de majestade].*

Almas [os fios invisíveis]

As almas humanas – irmanadas
[Unidas por vibrações amorosas emanadas
desde a fonte – Alma Universal – aqui estão a criar.
do Cósmico, as almas-irmãs procuram se relacionar.
Há um fio invisível que relaciona todos nós.
Os fios podem ser apertados, nunca rompidos os nós.
Somos seres espirituais e temos uns com outros a aprender:
Os laços invisíveis as almas estão a prender:
uns nos ensinam com suas práticas amorosas e compassivas.
as boas vibrações mantêm as relações harmônicas, vivas.
Outros oportunizam aprender o que não fazer/seguir:
Com as emanações negativas, pode-se conseguir
as palavras e ações raivosas e desarmoniosas.
o pior: sementes cármicas odiosas].

II

Quando se toca em um dos fios da teia da Vida,
[Somos partes da Vida, almas-irmãs coloridas
há comunicação com os demais e o Todo.
da Alma Universal, conectadas umas às outras – incômodo.
Estamos interligados, por fios invisíveis, uns aos outros.
O que fazemos se reflete em todos, e nos (des)confortos].

Caminho de amor [compartilhar]

Ninguém chega em nossas vidas por acaso,
[Em nossa vida brota do amor um caso,
todos que interagem, o fazem por alguma razão:
motivo de muita celebração.
alguns nos ensinam o que não devemos fazer,
o que muito pode nos comprazer
outros nos indicam o caminho do Amor e da Compaixão.
e nos coloca na primazia da amorosidade, e compreensão.
Ninguém quer saber o que fomos, possuíamos, temos.
O melhor de nós é o que com amor fazemos:
O que importa é a Luz que cada um surgir fez
nossas práticas de Luz que semeamos com candidez:
brilhar, a centelha de amor levada a todos os seres.
O compartilhar o amor, o maior de todos os poderes].

Perdoar [semear]

Para compreender é preciso perdoar.

[Para o escutar profundo é preciso abandonar

Perdoar nos liberta do passado

o que passou e escutar o outro lado.

ajuda a entender o que realmente importa:

Para o amor e a compreensão, uma porta

o momento atual, com consciência, amor, compaixão.

de perdão se abre e é motivo de celebração].

II

Celebre! Um copo enche gota a gota.

[A semente bem-amada brota.

Um passo de cada vez e lá chegaremos.

Um esforço consciente faremos:

Com consciência, uma coisa por vez.

os frutos certamente teremos com robustez.

Semear aos poucos, um sonho talvez,

A Vida talvez nos queira ensinar maciez.

um a um. Imaginar, cuidar, irá frutificar.

Maduros os frutos hão de ficar].

Comunicação [centelhas de Luz]

Conscientes, melhoramos nossa comunicação:
[Rejeitar discursos de ódio, desrespeito, má ação
de alma a alma, de coração a coração, de centelha...
e do que de pior dá na telha.
a centelha de Luz é que acontece a real interação.
Valorizar as práticas de amor, cura, cuidado, paz, intenção.
Construir a paz e a harmonia que há de se espalhar pela nação,
Valorizar a si, ao outro, a todos, apropriada ação.
estender-se a todos/todas e a toda a Terra como uma centelha.
Gentileza, solidariedade, respeito ao próximo se aconselha].

II

Em harmonia, somos Centelhas de Luz a quem é dado permitir:
[Ao tocar o outro, a energia amorosa você pode sentir.
cantar, em vez de só pensar,
Em tudo que fizer: consciência para se diferenciar.
amar, ao invés de só filosofar,
Você é um ser amoroso a se reconectar.
poetar, em lugar de só se ocupar das prosas.
Ao olhar, as centelhas de Luz se irmanam, gloriosas.
Vibrar em harmonia com a Natureza, a Vida: dance!
Medite, ame, seja compassivo – a paz alcance!]

Desafios [reconhecidos]

Dores e amores – a Vida nos oportuniza:
    [Confiança, paciência, compreensão nossa Vida baliza.
desafios para que coisas novas possam surgir.
    Um mergulho dentro de nós mesmos pode exigir.
Quando enfrentamos uma tempestade, leva um tempo
    É algo a nos surpreender: um bom contratempo.
até a fúria passar, o que é difícil e estressante.
    Ações dolorosas a encarar do modo meditante].

II

Meditando reconhecemos quando dói, falta e está na lista.
    [A saúde, a paz, ou alguém ético, honesto, espiritualista.
Uma dor, uma perda, uma mágoa... uma doença incomoda.
    Um autocrata prepotente e despreparado se acomoda.
Já um humanista e ecológico dependem de serem escolhidos.
    Precisam conscientemente serem reconhecidos e apoiados].

Paz [perdura]

Para gozar da paz, liberte-se das negativas vibrações,
>*[Os que se livram dos pensamentos e das raivosas ações,*
do foco nas desgraças, malfeitos, pensamentos raivosos,
>*passam a vibrar em harmonias virtuosas*
evite as práticas desarmoniosas (guerras ativas),
>*com Deus, de formas compassivas e meditativas.*
vibre em harmonia amorosa, cósmica, planetária.
>*E encontram dentro de si a paz eternária].*

II

Por si, quem vence o egoísmo alcança a paz,
>*[Saúdo o Buda que há em você. E reverência se faz*
encontra a verdade, que liberta do mal.
>*pois não há no mundo outro libertador igual.*
Confia na verdade mesmo sem ainda a compreender:
>*A verdade é ainda mais difícil de se entender:*
no começo parece amarga a sua doçura.
>*a encontre dentro de si mesmo, na Paz que perdura].*

Humildade [criativo ânimo]

Humildade: consciência das próprias limitações,
        [Criatividade: ausência de imitações,
viver com modéstia, simplicidade, sobriedade,
        dar fluxo à alma, exprimir-se com espontaneidade,
em que se leva vida sem luxo, sem preocupação em brilhar
        com amorosidade saberes profundos compartilhar.
e em que se evidencia uma prática de respeito ao próximo.
        Evidencia-se humilde responsabilidade e criativo ânimo].

II

Desânimo, dissabores, infelicidades: parte do aprendizado.
        [Persistir numa atividade difícil, suportar obrigado.
Humildade para aguardar que brote o que semeamos.
        Cuidar amorosamente que germine, pois regamos.
Ser um ponto de Luz, ter mais paciência e ser grato.
        Grato pelo criativo ânimo de aprender em cada ato.
Cada dia é uma oportunidade de cuidado, semeadura.
        Cuidado frente ao que proporciona a Vida que perdura].

Concepções [felicidade]

Abertura a outras concepções. Não estar com a verdade
   [A competência amorosa ajuda a enfrentar a realidade:
muitas vezes sem evidências. Podemos considerar e refletir
   práticas indicam ser um caminho a considerar e a referir:
sobre outras perspectivas, diferentes pontos de vista.
   a concepção espiritualista é grande conquista.
O que pensamos pode ser decorrência de condicionamento
   O que acreditamos pode ser fruto unicamente do momento.
ou preconceito; ou, ainda, podemos estar imersos
   Nossas ideações podem estar sendo postas em versos
em uma bolha de crenças e ideologias equivocadas.
   com diferentes concepções de amor, todas adequadas].

II

Felicidade-viagem refere-se não ao caminho, mas ao interior.
   [Felicidade brota do vazio, nada tem a ver com o exterior.
A jornada em si refere-se ao aqui agora – presente,
   Não o amanhã, nem muito menos ao passado da gente.
Não ao que se tem, mas sim ao que se é interiormente.
   O aqui agora presente somente.
O que se faz aqui e agora em termos de amoroso laço.
   Felicidade: uma borboleta pousa e permanece no braço.
O amigo nos ouve, lê, poetiza, (en)canta.
   Um encontro com um ser que nos (des)encanta.
Um vislumbrar do luar, uma esperteza, um doido abraço.
   Abrace a felicidade: um interior laço].

Espirituais [livres]

São mais importantes os bens materiais que os espirituais?
     [Coisas mais importantes do que os mistérios espirituais?
O dinheiro e as coisas mais relevantes que amorosidade?
     Ou a guerra e o ódio é o que tomou conta – odiosidade?
Razão é mais relevante do que o amor? Mente que o coração?
     Poder sobre outrem maior que o domínio de si mesmo em ação?
É a primazia da materialidade, dos bens, da morte e da sorte?
     Ou a primazia da amorosidade, dos que estão além da morte?
Aparência sobrepõe-se ao mergulhar em seus interiores?
     Dos que se harmonizam conosco, com todos os seres,
Materialidade: é só o que da Vida todos auferem?
     com Deus e - com amor - constroem o que querem!]

II

Países amorosos e livres permitem às pessoas desenvolverem
     [Os rios da amorosidade devem ao oceano fluírem.
suas asas: não engaiolam, não dividem, nem armam,
     Escolha criarmos o futuro que queremos: amam,
nem se apegam às raízes, nem muito menos discriminam.
     vivem em paz, amor, união, com valores que não minam:
Países livres que ajudam a desenvolver asas: incentivam
     humanismo, espiritualidade, ecologia. Em harmonia convivam.
os cidadãos a voar, a criar, a amar, a compaixão ter,
     Como construí-lo? Ao - as melhores escolhas e práticas - fazer.
a viverem em harmonia com a natureza e todos os seres.
     A mudança começa conosco: agir para ser como queres!]

Luz [amor]

Luz dissipa a ignorância e é um ato de amor.

[Gentileza gera amor, esforço quase de ator.

Amorosidade é a prática do amor.

Compaixão é amar para entender como for.

Criatividade e felicidade são contagiantes como o amor.

Amor é celebração, é festa, é criatividade mor.

Amar é compartilhar, expressar, arte – maior ardor.

Sou amoroso, romântico. Sigo o coração sonhador:

Expresso minha visão da Vida, da Luz Maior na ação.

O amor está para a alma, atenção!

Desejo a todos a harmonia do belo, bom, divino, a calma.

A respiração está para o corpo, acalma!

Que exigem dedicação total e que a Vida espalma.

E a compaixão está para o espírito, a paz d'alma].

Dedico-me [um com a Existência]

Dedico-me e estou consciente em meu trabalho.

[Torno-me um com a Existência, de que me valho.

Sou uma testemunha criativa aqui nesta hora.

Harmonizo-me e cuido da Terra e do Cósmico agora.

Em meu coração, eu encontro Deus e expresso calma.

Sou gentil e grato a todos os seres com alma.

Sinto a compaixão brotar em m'alma.

Percebo que o que eu preciso flui para mim e acalma.

Vivo abençoado, confiante, despreocupado, na calma.

Sinto o fluir da amorosidade de minh'alma.

A Luz que me ilumina me faz compartilhar:

Sinto-me uma pequena Luz na escuridão a partilhar.

Espiritualidade – relacionada à Existência consciente.

Entendo que expresso o que está em meu coração ciente.

Humanismo - aos Sentimentos (amor, compaixão).

Aprendo com toda minha consciente ação.

Ecologia – relacionada à Ação Criativa.

A harmonia com a Existência m'alma ativa].

Servi [prejudiquei]

No rio da amorosidade: a quem servi no dia de hoje?
[No rio da odiosidade: a quem mais prejudiquei hoje?
A quem irei acudir, ajudar, servir?
A quem irei magoar, intrigar e desservir?
Com o que contribuirei com meus irmãos e irmãs?
Como irei destruir meus inimigos e seus dólmãs?
Como servirei a todos os seres?
Como desagradarei em afazeres?
Como contribuir com a paz, o amor, a compaixão?
Como contribuir com a guerra, o ódio, desavença e caixão?
Podemos ser criativos, amorosos, compassivos!
Há sentido em serem intolerantes, destrutivos, odiosos ativos?]

II

Criativo, a alegria brota do fundo da alma.
[Os relacionamentos são delicados, vá na calma.
Alma amorosa, criativa e compassiva.
Pequenas coisas podem destruir uma relação ativa.
Compartilho silêncio diante de êxtases marcantes.
Pequenas coisas tornam tão belos os momentos d'antes.
Cada ser precisa ser vivido como o ser Divino que é.
Basta um sorriso, e o coração do outro se abre. É!
Respeite, ame e adore.
Basta um olhar atravessado, o outro se fecha. Ore!
Cada ser é uma das faces de Deus.
É como a arte: cantar, tocar flauta, escrever aos meus].

Eros [Tânatos]

Na mitologia, os pares opostos: Eros e Tânatos.
    [Da agressividade, da divisão, da guerra e da morte: autômatos.
Da união, do amor, da ecologia e da conciliação: Eros.
    Tânatos é a inspiração da odiosidade - dos extremistas erros:
Rogo que voltemos a ser unidos e que o amor,
    Putin, Trump, Netanyahu e todos que não sabem amar
a compaixão e a criatividade sejam os valores a orientar o mundo
    nem enfrentar amorosamente os desafios do (i)mundo.
a nos inspirar nas escolhas dos atuais e futuros governantes.
    A mitologia nos ajuda a escolher o amor o quanto antes].

II

Mitologia, equilíbrio físico, mental, emocional, espiritual.
    [Relacionamentos: unidade de propósito com paz sem igual.
Consciência com o Poeta Maior – harmonia.
    Harmonia será relacionar-se em paz na monotonia?
O caminho da compaixão e do amor trilhar
    Por meio da prática... Nirvana, Libertar!
Harmônico e consciente no cotidiano ou na comunidade
    Amar a si próprio reflete amorosidade.
Ser compassivo, meditar,
    Para todos os seres, o divino poetar.
Constitui lance encantador a poética.
    Saber viver a harmonia ética.
Pouco útil para quem não praticar.
    A harmonia está em o mundo embelezar.
E a vida, com todos harmonizar.
    Amar, ser compassivo, criativo, em Paz. É muito sonhar?]

III. ESCUTAS POÉTICAS

Escutas poéticas: a sua busca profunda e ética
Do/@ poeta & leitor/@, o mergulhar n'alma
O êxtase na escruta poética calma
Escuta sua, ao vivenciar a união mystica *poética.*

Ao olhar para o céu, escruto as asas caminho abrindo
      [No vazio do pensamento, escuto as nuvens, indo.
sem deixar rastros no céu interior meditativo.
      O coração poeta feliz em meio as nuvens e o azul reflexivo].

Sons da Natureza [testemunhar]

Escruta os sons da Natureza e dos seres da Terra e do ar
[Sua escuta poética: o ouvir da mente a testemunhar.
da mesma forma que as pessoas: esteja presente,
As palavras ao vento hão de passar somente.
testemunhe com consciência e sem julgar.
E, sem palavras, a alma e o coração o céu hão de tocar.
Ao começar o julgamento, cessa a escuta consciente.
Sua escuta poética profunda: sutil consciente mente].

Escrutar [poetar]

O panorama a todo instante pode encantar

[Há tanta maravilha para escrutar.

se há tempo de escuta e vontade de desfrutar.

Nem sei por onde voou ao levantar.

Diga-me, as pessoas... Como não as amar?

Também não sei me encontrar: na montanha ou no ar?

Juntos, podem falar, criar, meditar...

E sempre, acima de tudo, há você a me escutar.

Tudo ressoa numa aura ao ar perscrutar.

Minha alma paira no ar quando com você a poetar].

Um reflexo de Luz [escutar]

Faz do livre-arbítrio um reflexo de Luz,
[Se há ignorância e treva, também há muito que reluz.
paz, sabedoria, arte, música, literatura, amor, silêncio, saúde, poesia...
Encontrar o melhor de todos e de tudo é algo que também
acontecer podia.
E o que mais couber no seu coração e na su'alma.
Quando se leva a vida com amor e calma.
E desperte sensibilidade para valorizar a criatividade, a união, a dor
As paixões nos desafiam a enfrentá-las com ardor.
e faz bom uso do livre-arbítrio em sua vida.
E, ao escutar pessoas humanistas, ecológicas e espiritualizadas,
a Vida consolida].

Religação [Escuta]

Uma Religião consiste na religação com Deus:
[A Religião consiste na Escuta do mais profundo dos Eus.
Sem templos, sem homens consagrados, sem ritos,
Vive-se no dia a dia sem mitos.
em que tudo e todos são sagrados seres,
É um cuidar da ligação com o Todo e com todos os seres.
em que se acolhe e escuta sem perguntas,
E com tudo que há e nos mantém como pessoas juntas.
que é só amor, meditação, compaixão, essência,
E, ao mesmo tempo, é um Nada, um Vazio que preenche a Existência.
que vê o Divino em tudo, em todos: completude.
E nos faz sentir Um com Tudo e com Nada, um Vazio de Plenitude.
É um caminho sagrado que sozinho ou em comunhão muitos trilharam.
É caminho que os Mestres Buda e Cristo ensinaram:
Deve ser vivenciado em paz, amor, compaixão a esmoo.
Ame e seja uma luz para si mesmo.]

Conte-me [escutas poéticas]

Conte-me, querido/@ leitor/@, como foram suas escutas poéticas?
[Preciso saber se estou semeando estéticas.
Ou as prosaicas miméticas tomaram conta de nossa vivência?
Poeta vive de saber do sabor dos encontros em essência].
O/A escuto: ricardouhry@gmail.com
[Curitiba (PR), Inverno 2024].

Posto pelo menos cinco fotos de minhas escutas dos
"Encantos e encontros com a natureza" no Facebook https://www.
facebook.com/ricardouhry/
e no Instagram **@ricardouhry**.
Seja muito bem-vindo as minhas páginas de fotos e reflexões poéticas,
ecológicas e humanistas!